Sybille Ehlers

W0302750

Probleme mit Hunden lösen - aber richtig

Das Handbuch für Hundebesitzer

Bibliografische Information der Deutschen Nationalbibliothek:

Die Deutsche Nationalbibliothek verzeichnet diese Publikation in der Deutschen Nationalbibliografie; detaillierte bibliografische Daten sind im Internet über http://dnb.d-nb.de abrufbar.

Impressum:

Copyright © 2013 GRIN

1. Vorwort

Liebe Leserinnen und Leser,

meiner Meinung nach gibt es nur sehr wenige Hundebücher, die konkrete Anleitungen zur Arbeit an problematischen und störenden Verhaltensweisen von Hunden enthalten. Diese Anleitungen möchte ich Ihnen bieten, denn die meisten Ratgeber sind nur sehr oberflächlich gehalten. Das Training in Ihrem persönlichen Umfeld können nur Sie mit Ihrem Hund leisten und genau hier kann mein Buch ansetzen. Mir ist besonders wichtig, dass Sie theoretische Hintergründe zum Wie und Warum erhalten, denn nur durch Wissen können Sie Ihren Hund verstehen und erfolgreich mit ihm arbeiten.

Natürlich kann und will ich nicht den Anspruch auf Vollständigkeit erheben. Außerdem setze ich voraus (und bitte Sie inständig), dass Sie sich bei gefährlichen oder auch hartnäckigen Verhaltensweisen bzw. bei starker Angstproblematik immer professionelle Hilfe holen.

Bitte lassen Sie immer einen tierärztlichen Check-Up bei Ihrem Hund durchführen, bevor Sie dieses Arbeitsbuch benutzen. Es gibt zahlreiche organische, also körperliche Ursachen für Verhaltensprobleme, die unbedingt ausgeschlossen werden sollten (Schmerzen, Schilddrüsenprobleme, Leberstörungen, Nierenprobleme, eingeschränkte Sinnesleistungen, um nur ein paar Möglichkeiten zu nennen). Liegen jedoch medizinische Probleme vor, so ist der erste Schritt einer erfolgreichen Verhaltenstherapie, dass diese behandelt werden. Insbesondere bei schmerzhaften Prozessen sind Verhaltensprobleme im Zusammenhang mit Aggression (sowohl gegenüber Artgenossen als auch gegenüber Personen) sehr häufig. Lassen Sie deshalb Ihren Hund vorher unbedingt untersuchen, denn ein Training wird wenig bringen, wenn die Ursache der Probleme bestehen bleibt.

Auch starke Angstprobleme, gefährdende Aggression und in hohem Maße auch abnormal repetitive Verhaltensweisen, d. h. Zwangsstörungen, gehören unbedingt in fachliche Betreuung. Arbeiten Sie hier bitte nicht alleine, sondern ziehen Sie einen Tierarzt für Verhaltenstherapie oder einen kompetenten Hundetrainer hinzu, der gewaltfrei arbeitet. Zwangsstörungen, aber auch Angststörungen und Formen der Kognitiven Dysfunktion müssen je nach vorliegendem Stadium unbedingt mit Psychopharmaka behandelt werden. Hier sollte der auf Verhaltensmedizin spezialisierte Tierarzt kontaktiert werden, denn durch ein alleiniges Training können oft keine ausreichenden Verbesserungen erreicht werden.

Alle Verhaltensweisen, die einen Leidensdruck beim Tier erzeugen, verpflichten Hundebesitzerinnen und Hundebesitzer, dem Hund zu helfen. Und Sie würden dieses Buch nicht in den Händen halten, wenn Ihnen Ihr Hund nicht sehr am Herzen läge.

Aber ich kenne auch Ihre Probleme als Hundehalter: Meist unterliegen auch Sie einem starken Leidensdruck – daher möchte ich versuchen, Ihnen Kraft und Rückendeckung durch mein Buch zu vermitteln. Geben Sie nicht auf! Sie und Ihr Hund haben es verdient, wieder Freude miteinander zu haben. Also nicht jammern, sondern anpacken! Die jeweilige Anleitung finden Sie im passenden Kapitel. Dennoch ist es sinnvoll, auch die ersten Kapitel zu lesen, denn dort finden Sie die notwendigen „Werkzeuge“. Viel Spaß beim Lesen!

Zu meiner Person:

Seit ich denken kann, habe ich mich um die Haustiere in meiner Umgebung gekümmert, seien es die Hunde und Katzen im elterlichen Haus oder auch nur der arme Kettenhund der Tankstelle. Aufgewachsen bin ich in der bayerischen Provinz und durfte nicht nur mit Katzen und Hunden groß werden, sondern habe auf dem benachbarten Hof meines Onkels auch mit vielen anderen Tierarten Umgang gehabt. Nach dem Abitur ging es in die große Stadt zum Studium der Tiermedizin. Dort habe ich relativ bald eine Faszination für die Verhaltenskunde und Verhaltensmedizin entwickelt und bin nach meiner Approbation auch im entsprechenden Institut der LMU München „hängen" geblieben. Nach der Doktorarbeit verschlug es mich in eine Kleintierpraxis, aber auch dort waren die Innere Medizin und die Verhaltensmedizin meine liebsten Bereiche. Parallel arbeitete ich in der tierärztlichen Hundeschule einer Kollegin, was mir ebenfalls sehr viel Freude bereitete, so dass ich selbst mit dickem Schwangerschaftsbauch und auch nach der Geburt unserer Kinder weiter dort Hunden und ihren Haltern geholfen habe. Vor einigen Jahren zogen wir dann nach Niedersachsen und hier ließ ich mich 2006 mit meiner Praxis für Verhaltenstherapie nieder. Auch die dazugehörige Hundeschule wurde im selben Jahr eröffnet. Seither darf ich vielen Tierbesitzern beim Training Ihrer Hunde, aber auch bei Verhaltensproblemen und Verhaltensstörungen aller Haustiere helfen. Ich bilde mich ständig fort und darf immerzu weiter lernen, was ich sehr genieße. Und es wird nie langweilig, es ist ein sehr schöner Beruf!

2. Grundlagenwissen, ein Überblick

Jeder, der mit Hunden arbeitet, sollte über ein gewisses Grundlagenwissen verfügen.

Wenn Ihnen nicht bekannt ist, wie Hunde lernen und was Hunde motiviert, dann können Sie auch nicht effektiv mit Ihrem Hund trainieren. Meist beruht ein Training ohne Grundlagenwissen auf Angst, Zwang und Druck. Diese „Gesellen" sind Gift für das Lernen und für Lernerfolge. Es ist besonders wichtig, zu wissen, wann und in welcher Form bereits Zwang ausgeübt wird – nicht jedem Menschen ist klar, dass schon ein Spritzer Wasser aus einer Wasserpistole und somit ein Erschrecken des Hundes einen sehr aversiven Reiz für den Hund darstellen kann.

Das Thema Strafe bzw. die Vermeidung von Strafreizen werde ich im Kapitel 2.3 detaillierter erklären, denn körperliche Strafen und Schreckreize sollten unbedingt vermieden werden.

In Kapitel 3 werde ich Ihnen eine ausführliche „Toolbox", also eine Sammlung sinnvoller Signale für die Arbeit am Problemverhalten des Hundes vorstellen. Gleichzeitig möchte ich Ihnen einen Überblick über das Lernverhalten von Hunden sowie deren Motivation verschaffen und Ihnen erklären, weshalb Sie bestimmte Trainingsformen vermeiden sollten. Das Allerwichtigste für ein effektives und zeitgerechtes Training ist ein gut aufgebautes Marker- oder Brückensignal – Näheres hierzu im Kapitel 3, „Wichtige Signale und Verhaltensketten".

Auf die allgemeinen Signale und Kommandos werde ich nicht näher eingehen, hierzu gibt es zahlreiche gute Bücher sowie viele gute Hundeschulen und Hundetrainer. Was Ihr Hund und Sie beherrschen sollten: Rückruf, Sitz, Platz, Bleiben sowie das Gehen an lockerer Leine.

Sollte im Bereich der Grundsignale und des Alltagstrainings bei Ihnen und Ihrem Hund noch Arbeitsbedarf bestehen, so empfehle ich Ihnen, die Basics in einer gewaltfrei arbeitenden Hundeschule im Gruppen- oder Einzeltraining zu erlernen oder mittels guter Literatur im Privaten zu trainieren. Die Grundsignale sind für das Arbeiten am Problemverhalten nicht essentiell, aber sie erleichtern den Alltag ungemein und können in die Übungsrituale mit eingebaut werden. Es lohnt sich!

2.1 Lernen bei Hunden

Das Thema Lernen bei Hunden füllt ganze Bücher, die Kognitionsforschung läuft auf Hochtouren und wir werden in naher Zukunft immer mehr erhellende Einblicke in die Köpfe unserer Hunde erhalten. Für das Arbeiten an problematischen Verhaltensweisen Ihres Hundes sollten Sie einen Überblick über die geistigen Möglichkeiten Ihres Hundes haben.

Es besteht die Möglichkeit, dass Hunde zu umfangreichem kognitivistischem Lernen in der Lage sind – vielleicht viel stärker, als wir es bislang annehmen. Leider sind wir Menschen bis heute nicht in der Lage, diese Art des Lernens beim Vierbeiner direkt und unter Nutzung der menschlichen Sprache fördern zu können – es fehlt schlicht die Möglichkeit der sprachlichen Kommunikation. Wir müssen deshalb einen Weg finden, unseren Hunden mitzuteilen, was wir von ihnen möchten, diese Verhaltensweisen dann unter Signal stellen und entsprechend abrufbar machen. Wir sollten also so kommunizieren, dass unsere Hunde problemlos lernen können.

Lernen ist eine Reaktion eines Lebewesens, die dazu führen soll, bestimmte Situationen so optimal wie möglich zu gestalten (also mit dem größten Nutzen für das Lebewesen) – es ist im engeren Sinne immer eine Anpassung an Gegebenheiten, die durch Verhalten und Verhaltensveränderungen erreicht wird. Tiere lernen nicht, um anderen zu gefallen, sondern immer nur für sich selbst – es geht also um den persönlichen Vorteil und den Erfolg des Verhaltens für das Lebewesen!

Lernen findet immer statt, in jedem Moment des Lebens – die Voraussetzungen sind bei den meisten Hunden gegeben: Gehirn, Augen, Ohren, Nase und andere Sinnesorgane sowie Muskulatur, um das Verhalten auszuführen. Wie wir Menschen lernen Hunde auch außerhalb gezielter Trainingssituationen, das Gehirn kennt kein „Standby“. Allerdings ist immer ein Wechsel zwischen Wiederholungen bzw. Anwendung in verschiedenen Situationen und Pausen notwendig, um die neuen Informationen zu speichern und auch zu verarbeiten. Nur so kann die Information aus dem Kurzzeit- in das Langzeitgedächtnis „rutschen“ und durch die Wiederholungen an unterschiedlichen Orten und Zeiten gefestigt werden.

Bedenken Sie bitte, dass ein Hund auf Signal immer nur das Verhalten zeigen kann, das Sie ihm beigebracht haben. Dass ein Hund sich so benimmt, wie wir es gerne hätten, ohne dass wir es ihn gelehrt haben, ist leider Wunschdenken. Hunde bleiben Hunde und können nur wie Hunde wahrnehmen und reagieren. Sie haben andere Prioritäten als Menschen, werden manchmal von scheinbar unwichtigen Reizen zutiefst verängstigt und reagieren darauf mit Verteidigung oder Flucht. Hunde können keine Gedanken lesen und wissen nicht, was in einer bestimmten Situation aus menschlicher Sicht erwünscht ist, wenn es nicht trainiert und in genau diesen Situationen geübt wurde. Noch öfter ist es sogar so, dass sich der Mensch keine genauen Gedanken darüber gemacht hat, welches Verhalten sein Hund in einer Situation zeigen soll. In der Arbeit höre ich häufig, wenn ich nach den persönlichen Trainingszielen des Hundebesitzers frage: „Er soll dieses Verhalten einfach nicht mehr zeigen!“ Damit ist es in der Regel nicht getan, denn das Alternativverhalten sollte genau definiert werden – sonst macht ein Training wenig Sinn.

Bitte halten Sie sich immer auch vor Augen, dass Hunde nicht über ein Sprachzentrum wie wir Menschen verfügen und dass Hunde kein Wortverständnis besitzen. Platt gesagt: Hunde können kein Deutsch – damit ist gemeint, dass Hunde unsere gesprochene Sprache nicht wie wir Menschen verstehen. Worte haben für Hunde primär keine Bedeutung. Jetzt werden Sie vermutlich denken, dass die Hunde doch Kommandos befolgen können – ja, aber diese einzelnen Signale werden (hoffentlich) sorgfältig konditioniert, sie sind mit einer Signalwirkung verbunden, vergleichbar mit einer roten Ampel für uns Menschen. Ein Wortverständnis selbst liegt nicht vor, es ist vielmehr eine Reiz-Reaktions- oder Reiz-Verhaltenskoppelung, die nur dann zum Erfolg für den Hund führt, wenn er das richtige Verhalten auf das Signal hin zeigt. Dies muss der Hund jedoch erst erlernen – er muss „Vokabeln büffeln“. Es hilft also nicht, den Hund mit Kommandos zu überfordern, wenn wir uns nicht die Zeit genommen haben, dem Hund beizubringen, was das Signalwort bedeutet bzw. welche Reaktion wir auf das Signalwort erwarten. Immer lauter zu werden oder Signalworte gar zu brüllen, sorgt lediglich für Angst und Stress beim Hund, was vermieden werden sollte.

Neurobiologisch kommt es im Gehirn bei Lernprozessen zu zahlreichen komplexen Verschaltungen zwischen Nervenzellen und Nervenbahnen sowie Kontaktstellen und zur Beteiligung von Gehirnbotenstoffen und Hormonen. Durch diesen Umbau von Strukturen findet Lernen statt.

Hunde lernen auf mehrere Arten:

2.1.1. Habituation/Gewöhnung

Wenn ein Reiz keine Folgen hat bzw. auf diesen Reiz keine Konsequenz folgt (egal, ob angenehm oder unangenehm), so wird sich der Hund an diesen Reiz gewöhnen und diesem speziellen Reiz keine weitere Beachtung schenken. Gewöhnung ist also ein stetes Nachlassen einer Antwort auf einen Reiz. Der (in diesem Falle nicht das Leben bedrohende) Reiz wird „überhört" und dies hat keine weiteren Konsequenzen. Die Habituation ist reizspezifisch, d.h., die Gewöhnung findet nur an diesen einen Reiz statt.

Habituation entsteht meist auf unbelebte Umweltreize – würde der Hund jedes Mal auf das laufende Radio oder auf den laufenden Fernseher reagieren, käme es rasch zur Reizüberflutung. Auch wir Menschen sind an Umgebungsreize gewöhnt. Es wäre fatal, wenn jeder Reiz zu einer Wahrnehmung bzw. Reaktion führen würde – wir (und auch die Hunde) würden vermutlich verrückt werden. Deshalb ist Habituation gut und notwendig, sie ist eine Sparmaßnahme des Gehirns und findet ohne bewusste Wahrnehmung statt; sie ist durch den Hund selbst nicht zu steuern. Natürlich dürfen die Reize für eine Gewöhnung nicht allzu auffällig sein oder gar als bedrohlich wahrgenommen werden, zusätzlich müssen sie häufig und wiederholt präsentiert werden (im Idealfall unterhalb der Reaktionsschwelle).

Tücken der Habituation: Vorsicht, ein Hund kann sich auch an ständig wiederholte Kommandos gewöhnen: Wenn diese Kommandos zum stetigen Hintergrundgeräusch werden, ohne dass das entsprechende Verhalten oder eine Konsequenz folgt. Dieses Phänomen nennt man auch „erlernte Irrelevanz". Prädestiniert hierfür ist der Rückruf.

Hunde sollten schon im frühen Welpenalter an alle Erfordernisse des Alltags gewöhnt werden.

2.1.2. Sensibilisierung/Sensitivierung/gesteigerte Reizempfindlichkeit

Bei einer Sensibilisierung kommt es nicht zu einer Gewöhnung an einen Reiz. Das Individuum hat diesen Reiz als bedrohlich oder gefährlich eingestuft – die Reizantwort wird verstärkt. Es kommt nicht zur Habituation, sondern meistens zu Angstreaktionen. In der Regel kann das Tier der angstbehafteten Situation nicht entfliehen. Auch zunächst ganz neutrale Reize (z. B. ein bestimmter Geruch, wie Citronelladuft) können in einer als äußerst unangenehm empfundenen oder Angst auslösenden Situation (z.B. bei Anwendung eines Citronella-Sprühhalsbandes) so verknüpft werden, dass sie zu übersteigerten Reizantworten führen. Dieser Prozess findet nicht willentlich statt und ist vom Hund selbst nicht zu beeinflussen. Meist liegen erhöhte Erregungslagen vor, so dass das Lernen in solchen Situationen stark eingeschränkt ist. Sensibilisierung ist etwas sehr individuelles, der eine Hund verträgt sehr viele oder intensive Reize, der andere ist bereits nach zehn Minuten und leichter Reizstärke massiv gestresst und wird sensibilisiert. Die Sensibilisierung ist weniger reizspezifisch als die Habituation. Meist finden nach einer Sensibilisierung auf einen Reiz auch Reaktionen auf andere ähnliche Reize statt. Es kommt zu einer gesteigerten Bereitschaft, auch auf andere Reize zu reagieren. Grundlegende Untersuchungen zur Sensitivierung wurden von Davis im Jahre 1974 durchgeführt.

2.1.3. Klassische Konditionierung

Bei der klassischen Konditionierung kommt es zu einer Assoziation von Auslösereizen mit vom Hund/Lebewesen nicht bewusst zu steuernden Reaktionen (i.d.R. Reflexe) oder Emotionen. Die Verknüpfung fördernd wirkt einzig die enge zeitliche Koppelung des vormals neutralen Reizes mit einem angeborenen oder reflexauslösenden Reiz, so dass der ursprünglich neutrale Reiz nach einigen Wiederholungen auch den Reflex oder die Emotion auslösen kann. Emotionen können somit ebenfalls klassisch konditioniert werden, auch negative Emotionen! Alle Personen, deren Hunde leinenaggressiv sind, sollten daran denken, dass der Anblick des anderen Hundes nach einigen Wiederholungen zum Auslöser extrem negativer Emotionen werden kann, wenn die Hunde mit Strafen für das unangemessene Verhalten „trainiert" werden. Unbewusst, unter Umgehung des Gehirns, wird das Auftauchen eines anderen Hundes mit Angst, Unwohlsein und Furcht vor Schmerzen assoziiert, weil in vorherigen Situationen mit Strafen gearbeitet wurde.

Die klassische Konditionierung wird schnell verallgemeinert (orts- und situationsungebunden) und läuft ebenfalls nicht bewusst oder gezielt vom Lebewesen steuerbar ab.

Grundlegende Erkenntnisse wurden von Iwan Pawlow um die Jahrhundertwende gewonnen, die Untersuchungen wurden im Jahre 1920 von Watson und Rayner weitergeführt (Little Albert-Experiment).

2.1.4. Operante Konditionierung

Die operante Konditionierung ist eine Art des Lernens, bei der das Lebewesen[1] den Verlauf der Situation durch sein Verhalten beeinflussen kann. Ein Verhalten kann gezeigt werden, oder auch nicht – dies ist immer abhängig von den Konsequenzen, die das Verhalten bislang hatte. Beim operanten Konditionieren wird erwünschtes Verhalten vom Menschen so bestärkt, dass es später vom Hund auf Signal gezeigt wird.

Experimentelles operantes Konditionieren (Schlagwörter: Black Box; Behaviorismus) führt zunächst zu einer spontanen Verhaltensreaktion des Individuums durch entsprechende Konsequenzen. Nach Abschluss des Konditionierungsprozesses werden die Verhaltensweisen wieder fast reflektorisch gezeigt. Signalworte werden im

[1] Dies gilt zum Beispiel sowohl für Menschen als auch für Hunde und andere Tiere.

Grunde nur dann „perfekt“ und spontan umgesetzt, wenn der Hund beim Hören des Signalworts nicht mehr nachdenken muss. Somit erreicht man, dass das Verhalten zum Instrument wird, einen bestimmten Verstärker zu erreichen bzw. zu vermeiden. Ein anderer Begriff für operantes Konditionieren ist instrumentelles Konditionieren.

Was der Hund bei operanter Konditionierung lernt, ist abhängig von der Anzahl an Wiederholungen und dem empfundenen Erfolg – bringt die Handlung Vorteile oder hat sie Freude bereitet, so wird der Hund das Verhalten wieder zeigen bzw. die Handlung häufiger wiederholen. War die Konsequenz eine unangenehme, so wird das Verhalten seltener gezeigt. Die meisten Signalworte für Verhaltensweisen bei Hunden werden auf dem Wege der operanten Konditionierung trainiert. Wir Menschen können das Verhalten unserer Hunde über den Einsatz von Verstärkern oder „Strafen“ gezielt verändern.

Beim operanten Konditionieren gibt es immer auch Einflüsse aus dem Bereich der klassischen Konditionierung; es kommt zur Erzeugung von Emotionen in Abhängigkeit von der (angenehmen oder unangenehmen) Konsequenz auf das Verhalten. „Pawlow (der Erforscher der klassischen Konditionierung) sitzt Ihnen also immer auf der Schulter“ (Bob Bailey).

Anmerkung: Die Begriffe „positiv“ und „negativ“ sind im Folgenden nicht wertend zu verstehen, sondern mathematisch im Sinne von positiv: etwas wird hinzugefügt („plus“) und negativ: etwas wird entfernt („minus“).

Eine *Belohnung* ist, wenn wir dem Verhalten des Hundes in engem zeitlichen Zusammenhang:

- etwas *Angenehmes hinzufügen* (= positive Verstärkung/Belohnung): Futter, Zuwendung, Spiel, Umweltbelohnungen, vom Hund am liebsten getätigte Handlungen etc. Übrigens kann nur der Hund entscheiden, was für ihn belohnend und angenehm ist. Dies ist nicht immer deckungsgleich mit dem, was wir annehmen würden. Sie müssen also individuell die beste Belohnung für Ihren Hund und die Situation finden.

- etwas *Unangenehmes entfernen* (= negative Verstärkung/Belohnung): der Hund verspürt Erleichterung. Hier könnte als Beispiel das Nachlassen des Zuges am Halsband aufgeführt werden oder beispielsweise eine Vergrößerung der Distanz zu einem bedrohlichen Objekt, nachdem der Hund zuvor ruhig hingesehen hat und nicht in unangemessenes Verhalten gefallen ist[2].

Eine *Bestrafung* ist, wenn wir dem Verhalten des Hundes in engem zeitlichen Zusammenhang:

- etwas *Unangenehmes hinzufügen* (positive Strafe), z.B. Schimpfen, Schlagen, Zwicken, Rucken an der Leine, Kneifen etc. Positive Strafe sollte nicht eingesetzt werden.
- etwas *Angenehmes wegnehmen* (negative Strafe), z.B. unsere Aufmerksamkeit durch das Ignorieren oder eine Auszeit. Diese Methode funktioniert bei einer guten Beziehung und Bindung und kann kurzfristig gezielt eingesetzt werden (ca. 30 Sekunden, mit Fehlersignal bzw. Ankündigung im Moment des Fehlverhaltens), ohne körperlich werden zu müssen oder den Hund in Angst zu versetzen. Natürlich kann ein Entzug der Aufmerksamkeit nie eine alleinige Trainingsmethode sein – ein dauerhaftes Ignorieren steigert die Frustration und es müssen Alternativen für den Hund aufgezeigt werden.

Die Verstärker oder Strafen müssen jeweils unmittelbar auf das Verhalten folgen, sonst kann der Hund den Zusammenhang nicht erkennen. Im Idealfall schafft man es in einer halben bis einer Sekunde, alles andere kann schon zu spät sein. Bedenken Sie, dass Ihr Hund in zwei Sekunden vielleicht schon wieder etwas anderes macht und Sie verstärken dann das falsche Verhalten.

Das operante Lernen findet immer situativ statt, es muss verallgemeinert werden – Hunde lernen orts- und situationsbezogen und Emotionen wirken immer mit (siehe klassische Konditionierung). Deshalb kann einerseits nicht ausgeschlossen werden, dass der Hund etwas, was er in diesem Moment sieht oder hört in das Training mit verknüpft (dies ist insbesondere beim Strafeinsatz von Bedeutung) und andererseits muss das Trainierte an verschiedenen Orten, zu unterschiedlichen Zeiten und in verschiedenen Situationen wiederholt werden. Weiterhin sind die Ablenkungen im

---

[2] Wir Menschen kennen die negative Verstärkung unter anderem, wenn wir schimpfen; hier werden wir unangenehme Emotionen los, die Anspannung lässt nach, so dass man meist immer wieder schimpfen wird, denn die Erleichterung wirkt auch auf uns belohnend.

Training nur langsam zu steigern und der Belohnungsrhythmus sowie die Qualität der Belohnungen sollte nach der Festigung variiert werden. Weitere Informationen finden sich auch im Kapitel „Motivation“.

Das Abwenden von ungewohnten Reizen (z.B. ein Jogger) kann durch operante Konditionierung mit Belohnungen aufgebaut werden

2.1.5. Lernen durch Beobachtung/Nachahmung

Beobachtungslernen oder Modelllernen ist auch bei Hunden möglich. Eine andere Bezeichnung hierfür ist sozial-kognitives Lernen. Hierbei wird davon ausgegangen, dass Hunde als hochsoziale Lebewesen in der Lage sein müssen, durch soziale Stimuli zu lernen. Dementsprechend können Hunde durch Beobachtung lernen, ohne dass sie selbst die Konsequenzen eines Verhaltens erfahren müssen.

Die Theorie wurde 1965 von Albert Bandura für menschliches Lernen erforscht, bei Tieren gab es Studien mit Papageien und mittlerweile auch zahlreiche Untersuchungen an Haushunden. Auch dieser Weg des Lernens funktioniert den Studien zufolge sehr gut.

Für Hundebesitzer ist das Modelllernen insofern von Bedeutung, dass sich Hunde meist für den Halter sehr unangenehme Verhaltensweisen von Artgenossen abschauen. So kann beispielsweise die Jagdleidenschaft eines Hundes regelrecht geweckt werden (denn vorhanden ist sie ja bei einem Fleischfresser und Raubtier bereits mit der Geburt), wenn er mit einem anderen Hund, der bereits unkontrolliertes Jagdverhalten zeigt, auf Hatz geht. Auch das Territorialbellen kann relativ schnell von einem anderen Hund abgeschaut werden.

2.1.6 Was muss beachtet werden, wenn man effektiv mit Hunden trainieren will?

Merke: "Reinforce behavior you want, ignore behavior you don't want and manage behavior you can't ignore"[3]. Übersetzt: Verstärken Sie Verhalten, das Sie sehen möchten, ignorieren Sie Verhalten, das Sie nicht wünschen, und verhindern Sie Verhalten, das Sie nicht ignorieren können. Im Idealfall läuft Ihr Training über die erste Komponente: Möglichst viel erwünschtes Verhalten verstärken, so dass Sie die anderen Komponenten kaum einsetzen müssen.

Belohnen Sie erwünschtes Verhalten möglichst zeitnah (0,5 bis eine Sekunde) – alles, was später kommt, senkt den Lernerfolg deutlich.

Die Ablenkung sollte nur langsam gesteigert werden. Bringen Sie unterschiedliche Orte, Zeiten und Situationen in das Generalisierungssschema mit ein. Ihr Hund kann

[3] Irith Bloom, 2012: Chill Out, Roger! How Clicker Training Helped One Dog Move from Crazy to Calm; Blog Karen Pryor Clickertraining (http://www.clickertraining.com/node/3407)

das Verhalten nur in den Situationen/an den Orten ausführen, in denen/an denen Sie es mit ihm geübt haben.

Bei allem Training ist wichtig: Denken Sie bitte an die Gewöhnung! Wiederholen Sie die Signale nicht ständig, denn unter Umständen wird Ihr Signal durch stete Wiederholung innerhalb bestimmter Situationen ein bedeutungsloses Hintergrundgeräusch (gelernte Irrelevanz) oder Sie bringen Ihrem Hund bei, dass das Kommando immer erst fünfmal gesagt werden muss. Er lernt dann die einzelnen Signalworte in einer bestimmten Anzahl als komplettes Signal! Geben Sie das Kommando nach einer deutlichen Pause (5 bis 10 Sekunden) erneut und markieren Sie das Nicht-Ausführen des Kommandos zeitnah mit einem neutralen (!) „Fehlersignal" (ein so genannter Non-Reward-Marker, der für den Hund bedeutet: „Jetzt gehst du leer aus, es passiert gar nichts mehr, z.B. das Wort „Schade").

Wortsignale sollten immer mit einer kleinen Pause von ca. einer halben Sekunde VOR den Handzeichen gegeben werden, denn sonst überschattet das für den Hund natürlich auffallendere und somit leichter zu „lesende" visuelle Signal Ihr gesprochenes Wort. Sie möchten jedoch, dass Ihr Hund auf das Signalwort reagiert. Sie sollten Ihr Wortsignal „wichtiger" machen, indem Sie es vor das Handzeichen stellen, damit es gesondert wahrgenommen werden kann. Wenn Sie sich sicher sind, dass Ihr Hund nicht auf Ihr Signal reagieren wird, so geben Sie bitte in dieser Phase des Signalaufbaus auch keine Signale (Gefahr der Habituation), sondern verändern Sie die Situation, damit Ihr Hund Sie besser wahrnehmen kann und geben erst dann das Signal, wenn Sie die Aufmerksamkeit Ihres Hundes erlangt haben.[4]

Wenn ein Hund ein Signal nach Beachtung der oben angegebenen Regeln nicht befolgt, so ist er nicht dumm und stur, sondern er hat das Signal vermutlich noch nicht verinnerlicht. Gründe dafür könnten sein: zu seltenes Training, zu schnelle Steigerung der Anforderungen, versehentliche Variation beim Wort oder Klang usw. Oder aber die Folge des geforderten Verhaltens war bislang nicht so gut, dass sie die Motivationslage des Hundes beeinflussen konnte. In diesem Fall sollten Sie die Belohnungsqualität und -technik an den Schwierigkeitsgrad anpassen. Ein anderer Grund könnte sein, dass Ihr Hund das Verhalten im Moment aus körperlichen Gründen nicht ausführen kann oder die Situation es nicht zulässt. Ein Beispiel hierfür

[4] Oft nutzen wir leider in solchen Situationen immer wieder das gleiche Signal, ohne dass der Hund auf uns konzentriert ist. Dies ist nicht nur sinnlos, sondern „vergiftet" das Signal, da es zum unwichtigen Hintergrundgeräusch wird.

wäre ein geforderter Rückruf, wenn der Hund sich gerade in beschwichtigender Haltung gegenüber einem anderen Hund befindet.

Ein schlecht trainiertes Signal wird übrigens durch stetes Wiederholen oder gar Brüllen nicht besser. Hunde können sozusagen Mäuse laufen hören. Es ist nicht notwendig, laut zu werden, wenn Ihr Hund auf Sie achtet und gerne mit Ihnen arbeitet!

2.2 Motivation

Für alle Lebewesen gibt es Gründe, bestimmte Ziele erreichen zu wollen. Diese Gründe sind Motive für Verhaltensweisen. Aus diesen einzelnen Gründen ergibt sich der Antrieb für ein Verhalten. Für Hunde sind besonders Neugierde, Belohnung und soziale Elemente starke Motive.

2.2.1 Kernemotionen und Motivationslagen

Panksepp hat in seinen Untersuchungen zu menschlichen und tierischen Emotionen seit den 60er Jahren sieben spezielle neuronale Netzwerke[5] ermittelt: Neugierde/Suchsystem, Wut, Angst, Lust, „care"/sich kümmern, Panik und Spiel. Diese grundlegenden Emotionen erwachsen nicht aus der Großhirnrinde (dem Bereich für komplexe Gedanken), sondern entstehen in entwicklungsgeschichtlich älteren Gehirnbereichen, insbesondere im Hypothalamus und der Amygdala (Mandelkern).

Vor allem die Neugierde, die das „Suchsystem" oder „Seeking System" aktiviert, ist an der Motivationslage von Lebewesen stark beteiligt. Das „Seeking System" beeinflusst aber auch Bewegungsmuster und das Interesse des Tieres. In diesem System notwendige Gehirnbotenstoffe sind Dopamin, Glutamat und Opioide. Dopamin wird uns bei der Belohnungstechnik noch einmal begegnen.

Man unterscheidet intrinsische (von innen kommende) und extrinsische (von außen kommende) Motivation. Bei intrinsischer Motivation entsteht der Antrieb für Verhalten im Lebewesen selbst. Neugierde hat einen intrinsischen Ursprung und entsteht im Hundekopf, es wird das „Seeking System" aktiviert. Belohnungen und soziale Elemente sind Antriebe, die von außen auf das Lebewesen einwirken, man

---

[5] S.a. Hebb, D.O. (1949): The Organization of Behavior: a neuropsychological approach. Wiley, New York

spricht von extrinsischer Motivation. Natürlich ist der eigene innere Anreiz, ein Ziel zu erreichen, stärker, als Anreize, die von außen geschaffen werden.

Für Hundehalter bedeutet dies, dass Sie versuchen sollten, die Neugierde und das Interesse Ihres Hundes, also die intrinsische Motivation, hoch zu halten.

Dieser Mechanismus kann auch bei extrinsischer Motivation mit Belohnungen genutzt werden, indem bei den Belohnungen in Art und Menge variiert wird, sodass auch hier keine Langeweile entstehen kann.

2.2.2 Wie sieht es mit der Motivation von Hunden aus?

Von Menschen wird oft impliziert, dass der Hund aus „Respekt" vor seinem Besitzer lernen und arbeiten solle. Es wird keinerlei Belohnung oder Motivation für den Hund geschaffen. Tiere brauchen jedoch Gründe und Anreize für ihr Verhalten. Hunde sind Opportunisten und versuchen immer, einen Nutzen aus ihren Verhaltensweisen zu ziehen. Hunde müssen also motiviert werden, um mit uns zu arbeiten. Wir Menschen können die Motivationslagen von Hunden durch die eingesetzten Verstärker und Belohnungen für Verhaltensweisen stark beeinflussen.

Auch wir Menschen brauchen einen Anreiz, zur Arbeit zu gehen. Kaum einer von uns würde jeden Morgen pünktlich im Büro erscheinen, nur um es dem Chef recht zu machen („aus Respekt"). Wir arbeiten, weil wir für unsere Tätigkeit Geld erhalten und damit Essen kaufen können, ein Dach über dem Kopf haben und uns ab und zu etwas Luxus leisten können. Es handelt sich hierbei um extrinsische Motivation[6].

Motivation ist etwas ganz individuelles – jeder Hund wird durch andere Elemente motiviert bzw. situationsabhängig ganz unterschiedlich auf ein bestimmtes Motivationsmittel reagieren. Meist besitzen Umweltfaktoren wie zum Beispiel visuelle Reize und Handlungen wie zum Beispiel rennen das stärkste Potential, eine Motivation für ein bestimmtes Verhalten zu erzeugen.

Motivation kann bei Hunden auch im Training am einfachsten und gezieltesten mit einer Belohnung für erwünschtes Verhalten erzeugt werden. Ist die Folge der Handlung oder des Verhaltens angenehm, wird die Wahrscheinlichkeit deutlich erhöht, dass ein Verhalten wieder gezeigt wird. Wenn für den Hund nicht gleich ersichtlich ist, was genau als Belohnung eingesetzt wird und wenn nach einem stabilen Aufbau

---

[6] Im Idealfall macht uns unsere Arbeit aber auch Spaß und bietet genügend Anforderungen, sodass auch hier intrinische Motivationsanteile gegeben sind.

eines Verhaltens auch noch die Belohnungstechnik und -häufigkeit variiert wird, so entsteht zusätzlich eine starke intrinsische Motivation durch die Neugierde und das Unvorhersehbare.

Merke: Eine Belohnung und somit Motivationsgrundlage muss nicht immer ein Leckerchen sein.

Belohnen ist also kein sinnloses „Vollstopfen" des Hundes mit Keksen und Würstchen, sondern ein gezielter Einsatz von Futter, Handlungen oder Umweltbelohnungen, um die Motivation für ein bestimmtes Verhalten zu erhöhen. Eine Belohnung kann nur dann motivierend wirken, wenn sie nicht stetig zur Verfügung steht, sondern gezielt eingesetzt wird.

Das Premack-Prinzip besagt, dass ein weniger erstrebenswertes Verhalten durch das Zulassen oder Erlauben eines hoch erwünschten und attraktiven Verhaltens belohnt werden kann. Sie setzen Premack vielleicht bereits bei Ihren Kindern ein: „Räume erst dein Zimmer auf, danach kannst du spielen gehen". Das Spielen ist die Belohnung für das Aufräumen. In der Hundeerziehung kann Premack sehr sinnvoll eingesetzt werden, denn nichts motiviert einen Hund so stark wie ein bestimmtes, in diesem Moment hoch erstrebenswertes Verhalten auszuführen. Dann liegt eine hohe intrinsische Motivation zugrunde. Im Praktischen können Sie beispielsweise ein Wegsehen von der Nachbarskatze damit belohnen, dass Sie das Wegsehen loben und nach Ihrem Lob ein paar Schritte mit Ihrem gesicherten (!) Hund in Richtung Katze gehen (Sie können natürlich nicht erlauben, dass Ihr Hund die Katze hetzt!).

Ein anderes Beispiel: Der Hund kommt auf einen Rückruf aus einem fröhlichen und entspannten Spiel mit anderen Hunden zu Ihnen. Loben Sie ihn, geben Sie ihm vielleicht noch einen Belohnungshappen und schicken ihn dann als „absolute" Belohnung wieder ins Spiel zurück. Das vom Hund erwünschte Verhalten ist in der Regel die stärkste Belohnung, die man als Hundebesitzer einsetzen kann. Das Premack-Prinzip wird uns noch in Kapitel 3 und 5 begegnen.

2.2.3 Schnelle, kraftvolle Ausführung vs. präzise und ruhige Ausführung von Signalen

Für den Hundebesitzer ist es wichtig, zu wissen, dass er mit seiner Belohnungstechnik einen unbewussten Teil des Nervensystems seines Hundes beeinflusst – das so genannte vegetative oder autonome Nervensystem.

Ein bestimmter Bereich dieses Nervensystems – der „Sympathikus“ – kann beim Hund besonders gut über den Spielzeugeinsatz zur Belohnung, aber auch durch Bewegung angesprochen werden. Eine Aktivierung dieses eher anregenden Teils des autonomen Nervensystems sollte für alle Verhaltensweisen, die mit Schnelligkeit und Kraft verbunden sind, in Betracht gezogen werden. Ein Beispiel ist der Rückruf: Hier ist eine Spielbelohnung sinnvoll und es stört nicht, wenn der Hund ein wenig aufgeregt ist[7].

Das sympathische Nervensystem wird vor allem über Spielbelohnungen, aber auch durch Bewegungen aktiviert. Es ist verantwortlich für Leistung und Aktivität. Der hauptsächlich wirkende Botenstoff im Körper ist Adrenalin[8].

Der andere Bereich des vegetativen Nervensystems ist der „Parasympathikus“. Er sorgt als Gegenspieler zum anderen System für Entspannung, Ruhe sowie Regeneration und wird bei Hunden besonders gut über Futterbelohnungen angesprochen. Ein Ausnutzen der beruhigenden Wirkung von Futterbelohnungen ist insbesondere für Verhaltensweisen von Nutzen, die ruhig, konzentriert und präzise ausgeführt werden sollten. Ein Beispiel wäre das Gehen an lockerer Leine in Tempo und Richtung des Besitzers. Der in diesem Bereich ausgeschüttete Botenstoff ist Acetylcholin.

Stellen Sie sich vor, Sie wollten das Fuß gehen mit einem Ball in der Hand trainieren, um den Hund nach einem schönen Abschnitt mit einem Spiel zu belohnen. In diesem Fall bewegt sich kein Hund ruhig und präzise, sondern hopst vermutlich aufgeregt neben der Hand her. Das ist jedoch weit entfernt von einem schönen Gehen an lockerer Leine. Es gibt Hunde, die durch den ständigen Einsatz von Spielzeug und Bällen zur Belohnung eine fast zwanghafte Objektfixierung auf diese entwickeln. Bestimmte Hundetypen neigen zu schnell erhöhten Erregungslagen und Ball„junkie“tum. Gerade hier sollten Hundebesitzer besonders aufpassen, dass der Ball oder das Stöckchen nicht zur Manie wird.

Hunde mit problematischen Verhaltensweisen sollten vor allem über Futterbelohnungen, aber auch über Distanzvergrößerung oder andere Handlungen trainiert werden. Essen beruhigt und ist geeignet, eine unangenehme Situation durch besonders schmackhaftes und beim Hund beliebtes Futter emotional umzubesetzen. Man kann

---

[7] Unter Bewegung verstehen wir hier alle Bewegungen des Hundes, die vollkommen ungeleitet und selbstständig sein können, während beim Spiel immer ein Partner dabei ist und damit Bewegungen stets im Wechselspiel erfolgen. Beides kann als Belohnung eingesetzt werden, wobei das Spiel besser zu steuern ist.

[8] S.a. http://de.wikipedia.org/wiki/Sympathikus

unangenehme Reize „schönfüttern“, wenn das Futter schmackhaft genug ist und wenn man unterhalb der Reaktionsschwelle bleibt. Mehr Informationen zur Belohnungstechnik bei Problemverhalten finden Sie in den entsprechenden Unterkapiteln.

Im Training ist es wichtig, ruhig und eindeutig zu handeln. In dieser Situation ist eine Futterbelohnung angemessener als Spiel, da der Hund lernen soll, ruhig durch die Situation zu gehen.

2.2.4 Belohnungsmöglichkeiten oder die Motivation steigern

Wie wir bereits gelernt haben, können verschiedene Dinge für einen Hund belohnend und somit motivierend sein:

- eine Handlung durchführen dürfen,
- Aufmerksamkeit des Besitzers,
- Spiel mit anderen Hunden,
- Spiel mit dem Besitzer,
- in Mäuselöchern buddeln,
- rennen,
- baden

und vieles mehr, aber eben auch Futter. Jedes Lebewesen benötigt Nahrung. Sie können den Hund mit Teilen seiner täglichen Ration aus der Hand füttern und ihn für sein Futter arbeiten lassen. So werden Lernprozesse deutlich beschleunigt. In den meisten Haushalten wird für ein einfaches Sitz in der extrem ablenkungsarmen Umgebung der Küche gleich ein ganzer Napf Futter gegeben – so haben Sie zirka 50 bis 100 einzelne Belohnungshappen mehr oder weniger verschwendet. Der volle Napf ist meist in zwei Minuten geleert, aber die Nahrungssuche und -aufnahme könnte für eine artgerechte Haltung von Hunden einen größeren Teil der Tageszeit in Anspruch nehmen. Wir nehmen unseren Hunden mit gefüllten und vollen Näpfen eine sinnvolle Beschäftigungsmöglichkeit.

Studien haben ergeben, dass Hunde viel stärker durch den Einsatz von Futterbelohnungen zu motivieren sind als durch Sozialkontakte mit Menschen. Gerade bei Problemverhalten ist es deshalb sinnvoll, wenn Sie vornehmlich mit dem Einsatz von schmackhaften Futterbelohnungen arbeiten. Sie müssen Ihren Hund überzeugen, ein bestimmtes Verhalten nicht auszuführen und stattdessen ein anderes, besseres Verhalten zu zeigen. Das klappt definitiv nicht mit ein paar Streicheleinheiten. Besonders schwieriges und „teures" Verhalten, wie beispielsweise ohne Aggression auf einen Artgenossen zu reagieren, sollte auch entsprechend hoch honoriert werden!

Stellen Sie eine Belohnungs-Prioritäten-Liste für Ihren Hund auf, mit allen Dingen, die er besonders gerne mag und tut. An oberster Stelle steht die am stärksten belohnende Handlung. Bei manchen Hunden ist dies eine wirkliche Handlung (z.B. rennen), bei anderen hat ein bestimmtes Futter (z. B. Wurst) den höchsten Motivationscharakter. Solch eine hochwertige Belohnung gibt es natürlich nur für außerordentliche Leistung. Bei Streichelbelohnungen ist zu bedenken, dass manch ein Hund nicht wirklich was vom Streicheln hat, für einen anderen Hund kann dies eine stärkere Belohnung sein. Streicheln und Berührungen wirken meist nur in entspannter Stimmung angenehm und belohnend, in Situationen mit großer Ablenkung stellen sie für Hunde, die nicht gezielt auf ein Entspannungssignal konditioniert sind, eher eine Ablenkung und einen Störfaktor dar. Oft streicheln Hundebesitzer in Form von Klopfen und Patschen mit der flachen Hand – das ist nicht besonders angenehm für Hunde und demnach nicht stark belohnend.

Haben Sie keine Angst vor Futterbelohnungen, denn diese sind sehr einfach einzusetzen und bei den meisten Hunden auch äußerst effektiv. Sie geben Ihrem Hund sozusagen einen Job. Falls Sie einen Teil des Futters nicht im Training benötigen, geben Sie den Rest einfach aus dem Napf.

Über Hunde, die bei Aufregung nicht fressen können, werde ich später in der Toolbox noch informieren.

2.2.5 Belohnen und Motivieren vs. Bestechen

Alles, was Sie als Belohnung einsetzen wollen, sollte nie dauerhaft als Lockmittel[9] eingesetzt werden. Zu Beginn des Aufbaus einer Verhaltensweise oder eines Signals kann durchaus ein paarmal gelockt werden. Fortgeschrittene Hundebesitzer können aber ohne Locken über „freies Formen" in Kleinstschritten mit sehr hoher Belohnungsrate trainieren, um das Signal zu etablieren. Danach sollte eine Belohnung für die erwünschte Handlung nach dem verbalen Lob gegeben werden. Das stete Locken ist ein häufiger Trainingsfehler. Werden Belohnungen als Lockmittel eingesetzt, so folgt ein Hund auf Dauer nur dann, wenn er auch eine Belohnung in der Hand sieht – das ist Arbeiten mit „Bestechungen". Hier läuft das Training falsch und wird nur schlechte Resultate bringen. Für den Hund soll das Signal seines Menschen oder die Ausführung eines bestimmten Verhaltens relevant sein und nicht, ob der Mensch ein Futterstück in der Hand hält. Hier sollten Sie bitte ein wenig Vorsicht walten lassen. Bitte holen Sie das Spielzeug oder das Futterstück erst nach dem mündlichen Loben aus der Tasche und halten es nicht ständig in der Hand.

Vorsicht: Manche Hunde lernen sehr schnell, nur dann zu arbeiten, wenn der Besitzer die Futtertasche an den Gürtel schnallt. Deshalb sollten Sie die Belohnungen immer wieder einfach in der Jackentasche mitführen, damit der Hund nicht lernt, dass sich das Arbeiten nur dann auszahlt, wenn Sie die Futtertasche tragen oder der Ball aus Ihrer Jackentasche lugt.

Belohnungen könnten nach dem Aufbau und der Festigung einer Verhaltensweise wieder abgebaut bzw. in Abständen, Qualität und Häufigkeit variiert werden. Beim Einsatz einer so genannten intermittierenden oder variablen Belohnung[10] kann ein Verhalten auf Dauer intensiver gespeichert und häufiger gezeigt werden. Allerdings sollte das unter Signal stehende Verhalten nahezu perfekt, also mit fast 100%iger Sicherheit ausgeführt werden können – egal in welcher Umgebung, egal unter welcher Ablenkung. An der 100%-Marke kommt man als Hundebesitzer leider selten an. Nachdem ein Kommando also perfekt aufgebaut ist, könnten Sie die Belohnung stufenweise abbauen, bis sie seltener und unvorhersehbar von Ihnen eingesetzt werden kann. Sie belohnen dann in Abständen, die für den Hund nicht erkennbar sind. Neurobiologisch führt dies zu einer verstärkten Aktivität dopamingebundener

---

[9] Unter Locken bzw. Lockmittel wird verstanden, dass Leckerchen oder Spielzeug stets gezeigt werden müssen, damit der Hund eine Anweisung ausführt. Belohnungen würden im Gegensatz dazu erst nach der Ausführung gezeigt und gegeben werden.

[10] Intermittierende Belohnungen wechseln sowohl in der Quantität und Qualität der Belohnung als auch in der Intervalllänge (http://de.wikipedia.org/wiki/Intermittierende_Verstärkung)

Nervenzellen und somit zu einer erhöhten Motivation. Das „Seeking System“ wird aktiviert und steigert die intrinsische Motivation. Das funktioniert natürlich auch über eine Variation der Belohnungen selbst (Spiel, Bewegung, verschiedene Futterarten etc.) und ist wesentlich leichter umzusetzen. Gleichzeitig sollte das Training möglichst abwechslungsreich sein, also nicht immer aus denselben Signalen am selben Ort bestehen.

Auch eine kontinuierliche Belohnung mit kleinen, aber feinen Belohnungen kann ein Verhalten nahezu suchtartig werden lassen, da es stetig und wiederholt zur Ausschüttung von Dopamin kommt. Vergleichbar ist dies mit der Nikotinsucht: Durch die häufigen „kleinen“ Stimulationen mit einzelnen Zigaretten und hierbei 15 bis 20 Zügen kommt es neben der Nikotinwirkung zusätzlich zu einer hartnäckigen Festigung des Verhaltens und zu einem Suchteffekt. Den Bezug zum Hundetraining stellt Sophia Yin her: „However, when the right rewards are used consistently and predictably at a high reinforcement rate, they can become extremely strong, even addicting”[11] – übersetzt: „Wenn die richtigen Belohnungen zuverlässig und regelmäßig in einer hohen Belohnungsrate benutzt werden, können sie sehr stark, ja sogar suchterzeugend wirken.“

Aus eigener Erfahrung kann ich bestätigen, dass Verhaltensweisen und Signale bei regelmäßiger Belohnung ebenfalls sehr stabil bleiben und fest ins Repertoire aufgenommen werden. Diese Belohnungsvariante ist relativ frustrationsfrei und festigt das Verhalten stark, denn alle Lebewesen lernen über Erfolg und Erfolg motiviert. Ich selbst arbeite mit hohen Belohnungsraten und verfüttere große Anteile der Mahlzeiten meines Hundes im Training. Für besondere Leistungen vermische ich das Futter mit extra Leckereien. Zusätzlich nutze ich Umweltbelohnungen, Spiel und Bewegungen. Allerdings bin ich auch meist in Gebieten mit hoher Ablenkung unterwegs und viel Ablenkung bedingt eine hohe Belohnungsrate. Manchmal gibt es für eine schöne Leistung eine Art Überraschung, etwas Besonderes, das selten eingesetzt wird. Ich möchte meinen Hund einfach häufig bestätigen, das sorgt für Klarheit.

Bei manchem Hund ist die Motivation leider, keine Strafe oder Prügel zu erhalten – diese Hunde arbeiten aus Angst vor dem Besitzer. Angst schließt eine gute Leistung in den meisten Fällen aus, da eine starke Emotion das Denken blockiert und Gelerntes schlecht abgerufen oder abgespeichert werden kann.

---

[11] Yin, S. (2011): Dog training tip: Why cigarettes are more addicting than heroin and how it applies to dog training. July 2011; Dr. Yin´s Animal Behavior and Medicine Blog (http://drsophiayin.com/blog/entry/dog-training-tip-why-cigarettes-are-more-addicting-than-heroin-and-how-it-a

Merke: Physische Strafe und Gewalt haben keinen Platz in der Hundeerziehung! Neben moralischen Erwägungen ist es außerdem so, dass Angst das rationale Denken blockiert und das Lernen deutlich erschwert.

2.2.6 Das Problem der Übermotivation

Bitte beachten Sie, dass es für alle Übungen und Trainingspunkte sowie für jeden Hund und jede Situation ein ganz individuelles optimales Motivationslevel gibt. Ist Ihre Belohnung und Ihr Motivationsmittel etwas, was stets frei verfügbar ist oder etwas nicht besonders Hochwertiges, so wird die Leistung darunter leiden. Andererseits könnte das Motivationsmittel zu hochwertig (z. B. das Lieblingsspielzeug oder das Lieblingsfutter) sein. Auch hier werden die Leistung und der Lernerfolg unter Umständen deutlich geringer ausfallen, da der Hund so aufgeregt und auf das Motivationsmittel fokussiert ist, dass das rationale Denken und damit das Lernen erschwert wird. Ihre Belohnung und Ihre Maßnahmen zur Motivationssteigerung sollten immer der aktuellen Situation angepasst sein. Wenn wir später in die Arbeit am Problemverhalten einsteigen, werden Sie sehen, dass ein nicht in die Situation passendes Motivationsmittel dazu führen kann, dass der Hund die Situation nicht richtig wahrnimmt und so das Lernen versehentlich verhindert wird.

2.3 Tücken physischer Bestrafung oder „Warum kann körperlicher Strafeinsatz im Training mit Hunden nicht effektiv sein?“

Strafe bedeutet das Hinzufügen eines unangenehmen Reizes (positive Bestrafung) oder die Entfernung eines angenehmen Reizes (negative Bestrafung). Strafen sollen die Wahrscheinlichkeit verringern, dass ein bestimmtes Verhalten wieder gezeigt wird.

Für den Einsatz positiver Bestrafung[12] gelten ebenfalls die Lerngesetze und es gibt gewisse Voraussetzungen, die eingehalten werden müssen:

- Strafe muss etwas sein, was der Hund nicht mag und nicht erwartet.
- Strafe muss das Verhalten unbedingt unterdrücken, sonst ist ihr Einsatz ineffektiv oder gar Tierquälerei.

---

[12] In diesem Fall ist physische Strafe gemeint. Dies beinhaltet auch einen Ruck an der Leine, Spritzen mit der Wasserpistole, Anschreien u.ä.

- Die Strafe sollte mit dem Verhalten, auf keinen Fall mit dem Trainer, Anwender oder Umgebungsreizen assoziiert werden – sonst werden der Anwender oder die anwesenden Reize in die Strafe mit eingebunden.
- Strafe muss zeitnah erfolgen (innerhalb von 0,5 bis 1 Sekunde) und jedes Mal erfolgen, wenn das unerwünschte Verhalten gezeigt wird.
- Strafe muss sofort so stark sein, dass das unerwünschte Verhalten beendet wird, darf aber nicht so stark sein, dass es zur Traumatisierung des Individuums kommt.
- Es muss für den Hund immer Alternativen geben, die Strafe zu umgehen und der Strafeinsatz sollte niemals den Hauptbestandteil der angewandten Lerngesetze und Trainingsmethoden ausmachen.

Beim Durchlesen dieser Regeln für die Anwendung von Strafe wird deutlich, dass sie kaum alle, noch dazu regelmäßig von einem Trainer oder Hundehalter umgesetzt werden können. **Ein „Erziehen" über physische Strafe, insbesondere dann, wenn sie nur manchmal erfolgt, ist ineffektiv und von keinem Trainer oder Hundebesitzer „korrekt" umzusetzen.**

In der Humanmedizin/Humanpsychologie wurde festgestellt, dass Strafen oft nicht den gewünschten Effekt erzeugen. Bei Menschen entsteht Widerstand gegen Strafe und Anwender. Zudem ist ein Charakteristikum der direkten Bestrafung, dass Sie nur wirkt, wenn sie stets wiederholt und konsequent eingesetzt wird – dies bedeutet, dass der Strafende auch immer zugegen sein muss, um das Verhalten zu unterdrücken. In der Humanpsychologie kann eine dauerhafte Verhaltensveränderung nur durch so genannte „interne Rechtfertigungen" entstehen. Dies bedeutet, dass dem Individuum klar wird, dass es sein Verhalten ändern muss, um der Strafe zu entgehen. In stressigen oder bedrohlichen Situationen sind Hunde hierzu definitiv nicht in der Lage, sie reagieren mit einem angeborenen Notprogramm. Eine Einsicht, warum er gestraft wurde, kann von einem Hund nicht erwartet werden, wobei in der Wissenschaft zurzeit diskutiert wird, ob Hunde zu höheren kognitiven Leistungen fähig sind.

Zum Einsatz von körperlichen Einschränkungen und Strafreizen gehören Blockaden, Bedrohungen oder gar Gewaltanwendung mit Leinenrucken, Anlegen von Ketten- oder Stachelhalsbändern, Anrempeln, Zwicken („imitierter Hundebiss"), Schubsen oder Schlagen des Hundes.

Auch heutzutage wird noch die antiquierte „Alpha-Rolle“ eingesetzt. Damit ist das auf den Rücken werfen des Hundes gemeint, um ihn in eine scheinbar unterwürfige Position zu bringen. Diese Alpha-Rolle geht auf das „Dominanzkonzept“ zurück und hält sich leider hartnäckig in den Köpfen von manchen Hundebesitzern und Trainern. Hunde nehmen diese Haltung zur Umlenkung von Aggressionen ein, die Bedeutung dieser passiven Demutshaltung ist jedoch nur gegeben, wenn der Hund sich selbst in diese Position begibt, um zu kommunizieren. Diese Haltung wird in extremen Situationen, wie bei einer Auseinandersetzung oder einem ernsthaftem Kampf von Hunden nicht gezeigt. Sie dient nur der Kommunikation zur Verhinderung einer Auseinandersetzung, wird also weit vorher eingesetzt. Es bedeutet nicht „Unterwerfung“, wenn der Hund auf den Rücken geworfen wird, denn er begibt sich ja nicht selbstständig in diese Position und versucht auch nicht, zu kommunizieren. Alpha-Rollen können zu massiven Abwehrreaktionen führen, passen als „Erziehungsmaßnahme“ aus Hundesicht situativ nicht und sind im Hinblick auf das Lernen ineffektiv!

Auch die vermeintlichen „Soft-Methoden“ Wasserspritzpistole, Wurfkette und Schepperdose fallen unter die Strafkategorie, da sie aversive und unangenehme Reize darstellen und ein Verhalten verringert werden soll. Den wenigsten Hundebesitzern ist klar, dass der Hund nach spätestens zwei Durchgängen scheppern oder Wasser spritzen den Hundehalter als Ursache des Schrecks erkannt und mit in den negativen Prozess einbezogen hat. Leider wird dem Hund auch beim Einsatz von Wasserpistolen, Wurfketten und Schepperdosen nicht gesagt, was er denn statt des unerwünschten Verhaltens tun soll. Man baut lediglich eine unangenehme Assoziation mit dem Besitzer und anderen anwesenden Reizen auf und sorgt bei sensiblen Tieren dafür, dass sie ein zitterndes, schreckhaftes Fellbündel werden.

Der Einsatz von Strafreizen führt manchmal kurzfristig zu einer trügerischen Besserung, indem die Strafe das unerwünschte Verhalten vorübergehend unterdrückt. Der Hundehalter fühlt sich bestätigt, aber das Grobwerden hat zahlreiche Nachteile und birgt Stolperfallen:

Manchmal (i.d.R. zu Beginn des Einsatzes) scheinen Strafen schnell zu funktionieren. Sie sind aber nicht geeignet, eine dauerhafte Verhaltensveränderung zu erzeugen (siehe „Strafregeln“).

Manche Hundehalter sind sich nicht über ablaufende Verknüpfungen und mögliche Folgen bewusst. Der Besitzer unterliegt einer negativen Verstärkung, er wird seine eigene Anspannung, Wut und Frustration los, wenngleich auf sehr fragliche Weise. Er wird wieder und wieder schimpfen, grob werden und strafen.

Hunde lernen orts- und situationsbezogen und verknüpfen emotional immer die Situation, anwesende Personen, Tiere sowie Orte mit – insbesondere bei traumatischen Erlebnissen. Die Strafe und Gewalt werden in der Regel nicht mit dem eigenen Verhalten, sondern mit in der Situation anwesenden Faktoren bzw. im einfachen Fall mit dem ursprünglichen Auslöser (anderer Hund, angeleinter Zustand) verknüpft. Was passiert also, wenn der Hund den Schmerzreiz mit dem eigenen Menschen oder dem anderen Hund, einem zufällig anwesenden Kind, Passanten oder einem unbeteiligten Hund assoziiert? Welche Emotionen wird der Hund in Zukunft beim Anblick des Besitzers/des Kindes/des anderen Hundes – oder noch weiter gedacht, beim Anblick von Menschen/Hunden/Kindern – haben?

Durch positive Verstärkung und Anbieten einer Alternative (Hintengehen am Handtarget) hat dieser Hund gelernt, ruhig durch die kritische Situation (Engstelle, laute Kinder) zu gehen. Bei dem Arbeiten mit Strafen hätte eine Übertragung der Aversion (negative Emotionen) auf die Kinder entstehen können.

Bei Strafreizen wird die emotionale Grundhaltung des Hundes nicht sinnvoll verändert, es werden lediglich Verhaltensweisen für kurze Zeit unterdrückt und die emotionale Grundhaltung meist ins Negative verschoben. Strafeinsatz und Prügel können dazu führen, dass ein Hund lernt, jegliche Warnsignale einzustellen, bevor er zubeißt.

Der Hund erfährt eine sehr unangenehme Einwirkung durch seinen Besitzer in besonders negativer Form – auch bei einem Kneifen oder Stoßen, einem Schreck durch einen Spritzer Wasser oder bei einem Ruck an der Leine. Das ist der Bindung und somit dem Zusammenleben mit dem Hund nicht zuträglich. Das Vertrauen des Hundes in seinen Besitzer geht verloren. Besonders schlimm finde ich, dass Hunde nicht einfach ihre Familie verlassen können und genauso wenig können Hunde auswählen, in welche Familie sie kommen. Sie werden „ihren Menschen“ meist lebenslang treu zur Seite stehen. Aus dieser Sicht empfinde ich einen Strafeinsatz als besonders sträflich. Haben Sie sich einen Hund angeschafft, um ihn permanent strafen zu müssen? Ich nicht. Der Grund für die Hundehaltung stellt sich doch bei stetigem Strafeinsatz in Frage!

Der Hund und sein Besitzer sind in entsprechenden Situationen hochemotional – starke Emotionen verhindern rationales Denken. Lernen wird stark eingeschränkt bzw. verhindert. Alle Überlebensreflexe sind eingeschaltet, für Rationalität ist keine Zeit.

Strafen müssen immer stärker werden, um wirksam zu bleiben. Belohnungen könnten theoretisch immer weniger werden, so man denn möchte. Strafen können jedoch nicht unbegrenzt stärker werden. Daher werden gleichbleibende oder inkonsequente Strafen das Auftreten des unerwünschten Verhaltens verstärken.

Der Hund meidet seinen Besitzer oder wehrt sich im schlimmsten Fall. Strafen können nachhaltige psychische und physische Beeinträchtigungen beim Hund verursachen und können zu Gegenaggression führen – der Hund fühlt sein Leben bedroht und wehrt sich. Positive Verstärkung hingegen führt nicht zu Aggression!

Bei Strafen wirken sich Fehler im Timing oftmals fatal aus. Wer von uns Menschen ist schon hundertprozentig konsequent und hat ein supergenaues Timing? Bereits deshalb ist Strafeinsatz nichts weiter als Tierquälerei. Beim Arbeiten über Lob und positive Verstärkung können Sie Ihr Timing einfach versuchen zu verbessern. Bei Strafen wirkt sich ein schlechtes Timing auf übelste Weise aus. Die Strafen werden dann falsch verknüpft, z.B. mit dem Besitzer oder einem eigentlich gewünschten Verhalten. Ein typisches Beispiel ist ein Hund, der auf einen Rückruf erst nicht reagiert und dann gestraft wird, wenn er wieder beim Besitzer ist. Dieser Hund lernt nicht, das nächste Mal schneller zu kommen, sondern verknüpft die Nähe zum Besitzer mit der Strafe.

Mit Strafen „gearbeitete“ Hunde bieten wenig bis kein selbstständiges Verhalten mehr an – im schlimmsten Falle bis hin zur erlernten Hilflosigkeit, bei der es zu einem starken Ungleichgewicht an Neurotransmittern im Gehirn kommt. Sie sind meist deutlich schwerer zu trainieren/therapieren. Eine massive erlernte Hilflosigkeit kann kaum mehr therapiert werden.

Körperliche (und psychische) Strafen können Schmerzen, Leiden und Schäden beim Tier verursachen (§1 TierSchG), für die es keinen vernünftigen Grund gibt, denn es sind immer Alternativen zur Strafe vorhanden. Der moralische Aspekt aus menschlicher Sicht kann bei einem Lebewesen, das dem Menschen in hohem Maße ausgeliefert ist, nicht unberücksichtigt bleiben. Der Einsatz physischer Bestrafung ist unethisch.

2.4 Verhaltensstörung oder störendes Normalverhalten?

Tiere können sich nicht „nicht verhalten“, sie zeigen immer Verhaltensweisen, auch wenn sie nur daliegen und dösen.

Genauer betrachtet soll ein bestimmtes Verhalten auch einen bestimmten Effekt erzeugen bzw. einen Erfolg verursachen. Dies bedeutet, dass Verhaltensweisen gezeigt werden, um Zustände oder Bedürfnisse zu regulieren und Ungleichgewichte aufzuheben.

Gerade im Hinblick auf problematische Verhaltensweisen ist es wichtig, zu entscheiden, ob das Verhalten im Repertoire der jeweiligen Tierart vorkommt und physiologisch, also „normal“ für diese Tierart ist. Auch wenn eine Verhaltensweise den Besitzer stört, kann sie durchaus „normal“ sein. Davon zu unterscheiden sind Verhaltensstörungen, die auf einem pathologischen oder krankhaften Zustand beruhen und außerhalb des „Normalbereiches“ liegen.

2.4.1 Störendes Normalverhalten

Unter diese Rubrik fallen alle Verhaltensweisen, die arttypisch und somit unauffällig sind. Sie kommen bei fast allen Individuen einer Art in bestimmten Situationen vor und werden nicht übersteigert gezeigt. Diese Verhaltensweisen ermöglichen dem Tier Sozialkontakte, Lernen, Wohlbefinden und auch das Überleben; sie dienen teilweise der Kommunikation. Manche dieser Verhaltensweisen stellen den Hundebesitzer vor große Probleme oder stören ihn sehr. Als Beispiele möchte ich Jagdverhalten, Markierverhalten oder auch Auseinandersetzungen mit Artgenossen, insbesondere den gleichgeschlechtlichen, anführen.

All diese Verhaltensweisen können jedoch auch in übersteigerter Ausprägung oder Häufigkeit gezeigt werden. Sie entsprechen dann nicht mehr dem Durchschnitt der Population bzw. der Tierart. In diesen Fällen kommen wir bereits in den Bereich der Verhaltensstörung, denn das Verhalten ist nicht mehr funktional, sondern wirkt sich negativ auf die sozialen Interaktionen zwischen Hunden untereinander oder zwischen Hunden und Menschen und auch auf das Wohlbefinden aus. Es wird pathologisch (krankhaft).

Ob das Verhalten dann bereits abnormal ist, kann ohne Untersuchungen nicht festgestellt werden, denn es kommt bei krankhafter Ausprägung zu sichtbaren Veränderungen im Bereich des Nervensystems, des Körpers, der Biochemie oder zu Kombinationen und somit auch zu einer Art „körperlicher“ Erkrankung.

2.4.2 Verhaltensstörung

Abnormales Verhalten ist nicht flexibel, dient keinem Zweck mehr, kann den Organismus schädigen und führt zu starker Beeinträchtigung des Wohlbefindens und des Gemütszustands.

Eine Verhaltensstörung liegt also dann vor, wenn das Verhalten den Hund selbst, seine sozialen Beziehungen, seine Umweltbeziehungen und sein Wohlbefinden stark beeinträchtigt. Das Verhalten wird in starrer Ausführung, zu hoher Frequenz oder zu großer Intensität gezeigt und erfüllt nicht mehr einen bestimmten Zweck. Als Beispiel für „echte“ Verhaltensstörungen möchte ich Zwangsverhalten und Stereotypien anführen.

Für den Hundebesitzer ist es sehr wichtig, aufmerksam zu sein, denn gestörte Verhaltensweisen gehören unbedingt in fachliche Betreuung. Hierunter fallen alle starken Aggressionsprobleme gegenüber Menschen und anderen Tieren, aber auch extreme angstbedingte Verhaltensweisen und Phobien (z.B. hochgradiger Trennungsstress, Geräuschängste). Außerdem alle Zwangs- oder repetitiven Verhaltensweisen, echte Hyperaktivität, aber auch ausgeprägtes reaktives Verhalten und dauerhaft erhöhte Erregungslagen. Auch alle schwierigen Verhaltensweisen, die sich hartnäckig halten und durch Trainingsmaßnahmen nicht aufzuheben sind, bedürfen einer genaueren Analyse.

Fakt ist, dass manche Ausprägungen von Verhaltensweisen ohne medikamentöse Unterstützung nicht therapiert werden können, ähnlich wie in der Humanmedizin. Was nützt das beste Training zur Beseitigung angstmotivierter Verhaltensweisen, wenn die Angst so stark ist, dass sie jegliches Training verhindert und der Hundebesitzer oder Trainer gar nicht bis zum Hund „vordringen“ kann?

An dieser Stelle möchte ich noch einmal auf meine einführenden Worte verweisen: Bitte suchen Sie, bevor Sie dieses Buch benutzen und am Problemverhalten Ihres Hundes arbeiten, einen Tierarzt oder einen Verhaltensspezialisten mit entsprechender Qualifikation auf und lassen Sie körperliche Ursachen ausschließen bzw. Grundlagen für ein effektives Arbeiten schaffen. Ohne fachkundige Diagnose ist keine erfolgreiche Therapie möglich. Manchmal hilft auch schon der neutrale und unvoreingenommene Blick einer objektiven, aber entsprechend qualifizierten Person, um Feinheiten oder auch Grundlegendes zu verbessern. Aber Achtung: Eine Qualifikation ergibt sich nicht alleine aus langjähriger Arbeit. Man kann auch 20 Jahre lang denselben Fehler machen!

Bei krankhaften Zuständen und wenn eine Gefährdung von Mensch oder Tier vorliegt, sind Sie als Hundebesitzer verpflichtet, Ihr Tier untersuchen und alle möglichen Ursachen abklären zu lassen.

Verwendete Literatur:

Arhant, C. et al. (2010): Behaviour of smaller and larger dogs: Effects of training methods, inconsistency of owner behavior and level of engagement in activities with the dog. Appl.Anim.Behav.Science 123; 131 – 142

Birbaumer, N.; Schmidt, R.F. (2002): Biologische Psychologie, 5. Auflage, Springer Verlag, Berlin

Blackwell, E., Twells, C., Seawright, A., Casey,R.A. (2008): The relationship between training methods and the occurrence of behavior problems, as reported by owners, in a population of domestic dogs. Journal of Veterinary Behavior. Clinical Applications and Research.Vol 3 Issue 5; 207 - 217

Bradshaw, J.W.S., Blackwell, E., Casey, R.A. (2009): Dominance in domestic dogs – useful construct or bad habit? Journal of Veterinary Behavior 4; 135 – 144

Bradshaw, J.W.S.(2012): Hundeverstand. Kynos Verlag Dr. Dieter Fleig GmbH, Nerdlen

Browne, C.M., Starkey, N.J., Foster, M.T. & McEwan, J.S. (2011).Timing of reinforcement during dog training. Journal of Veterinary Behavior: Clinical Applications and Research, 6(1), 58-59)

Cracknell, N.R., Mills, D., Kaulfuss, P.(2008): Can stimulus enhancement explain the apparent success of the model-rival technique in the domestic dog (Canis familiaris)? Appl. Anim. Behav. Sci. Vol 114 / 3; 461 – 472

Davis M. (1974b): Sensitization of the rat startle response by noise. J Comp Physiol Psychol 87: 571-581

Feuerbacher, E., Wynne, C. (2012): Relative Efficacy of Human Social Interaction and Food as Reinforcers for Domestic Dogs and Hand-reared Wolves. Journal of the Experimental Analysis of Behavior; Volume 98, Issue 1, 105–129.

Grohmann, K., Dickomeit, M.J. et al. (2012): Severe brain damage after punitive training technique with a choke chain collar in a German shepherd dog. Journal of Veterinary Behavior: Clinical research. 27 February 2013 (10.1016/j.jveb.2013.01.002)

Haverbeke, A. et.al. (2008): Training methods of military dog handlers and their effects on the team´s performance. Appl.Anim.Behav.Science 113; 110-122

Herron, M.E., Shofer, F. S, Reisner, I.R. (2009): Survey of the use and outcome of confrontational and non-confrontational training methods in client-owned dogs showing undesired behaviors. Appl. Anim. Behav. Science 117; 47 - 54

Hiby, E.F., Rooney, N.J., Bradshaw, J.W.S. (2004): Dog training methods: their use, effectiveness and interaction with behavior and welfare. Animal Welfare 13; 63 – 69

Jagoe, A., Serpell, J. (1996): Owner characteristics and interactions and the prevalence of canine behavior problems. Appl.Anim.Behav.Science 47; 31 – 42

Lord, S. (2012): Dog behaviour – Effect of delay to Reinforcement. MA-Thesis, University of Waikato.

Mc Kinley, S., Young, R. Y. (2002): The efficacy of the model–rival method when compared with operant conditioning for training domestic dogs to perform a retrieval–selection task. Appl. Anim.Beh. Sci Vol. 81/4, 357-365

Overall, K.L. (1997): Clinical behavioral medicine for small animals. Mosby-Year Book, Inc., St. Louis, Missouri

Panksepp, J. (1998). Affective neuroscience: The foundations of human and animal emotions. Oxford University Press.

Panksepp, J. (2005). Affective consciousness: Core emotional feelings in animals and humans. Consciousness and Cognition, 14, 30–80.

Pawlow, I. (1923): New researches on conditioned reflexes, Science 9 November 1923: Vol. 58 no. 1506 pp. 359-361

Premack, D. (1959): Toward empirical behavior laws. I. Positive Reinforcement. Psychol. Rev. 1959 Jul; 66(4):219-33.

Reid, P.J. (1996): Excel-erated learning. James & Kenneth Publishers, Berkeley California

Reisner, I.R. (1991): The pathophysiologic basis of behavior problems. Vet Clin North Am Small Anim Pract. 21; 207 - 223

Rooney, N.J. (2011): Training methods and owner-dog interactions: Links with dog behavior and learning ability. Appl.Anim.Behav.Science 132; 169 – 177

Schroll, S., Dehasse, J. (2007): Verhaltensmedizin beim Hund. Enke Verlag, Stuttgart

Seligmann M.E.P. (1972): Learned helplessness. Annual Review of Medecine, Vol. 23, 407-412

Skinner, B.F. (1938): The behavior of organisms – an experimental analysis, B. F. Skinner Foundation

Thorndike, E.L., Gates, A.I. (1930): Elementary Principles of Education. MacMillan, New York

Thorpe, W. H. (1944): Proceedings of the Linnaean Society of London. Session 156, 1943–44. Part 2, S. 70–83

Watson, J. B. & Rayner, R.(1920).Conditioned emotional reactions. In: Journal of Experimental Psychology 3(1), S. 1-14.

Wells, D.L.; Hepper, P.G. (2012):, The personality of "aggressive" and "non-aggressive" dog owners. Personality and Individual Differences, Elsevier, 53; 770-773

Yerkes, R.M. & Dodson, J.D (1908): The relation of strength of stimulus to rapidity of habit-formation. Journal of Comparative Neurology and Psychology, 18 (1908) 459-482

Yin, S. (2011): Dog training tip: Why cigarettes are more addicting than heroin and how it applies to dog training. July 2011; Dr. Yin´s Animal Behavior and Medicine Blog (http://drsophiayin.com/blog/entry/dog-training-tip-why-cigarettes-are-more-addicting-than-heroin-and-how-it-a)

3. Wichtige Signale und Verhaltensketten als Voraussetzungen und nötige „Werkzeuge“ für das Training an problematischen Verhaltensweisen

Allgemeine Vorbemerkung: Bitte üben Sie in kurzen Trainingsintervallen mit vielen Untereinheiten; eine Untereinheit nicht länger als zwei bis fünf Minuten. Dies sollten Sie mehrmals täglich und natürlich über einen gewissen Trainingszeitraum machen. Steigern Sie die Anforderungen langsam und stufenweise.

Alle Signale, die Sie für die direkte Arbeit *am Problemverhalten* benötigen, sollten so gut aufgebaut sein, dass Ihr Hund das Signal befolgt, ohne zu überlegen. Er sollte fast reflexartig, aber freudig reagieren. Insbesondere Signale, die Sie einsetzen müssen, wenn Ihr Hund sehr aufgeregt und abgelenkt ist, sollten gut und häufig trainiert werden! In solchen Momenten kann Ihr Hund nicht mehr gut denken und muss trotzdem schnell und zuverlässig auf Ihr Signal reagieren.

3.1 Markersignal oder sekundärer positiver Verstärker

Im Kapitel zum Lernverhalten habe ich erklärt, dass eine Belohnung für das richtige und erwünschte Verhalten möglichst schnell, also innerhalb von einer halben bis einer Sekunde erfolgen muss. Da in dieser kurzen Zeitspanne oft aufgrund der Entfernung keine unmittelbare Belohnung möglich ist, benötigen Sie ein Handwerkszeug, um das richtige Verhalten auf Distanz zu belohnen. Man spricht hier auch von markieren. So können Sie Ihr Timing deutlich verbessern.

Die Belohnung selbst sollte etwas sein, das natürliche Bedürfnisse oder einen angeborenen Bedarf des Hundes befriedigt und das der Hund als angenehm empfindet. Hierzu gehören Futter, Handlungen[13], Spiel, Sozialkontakt etc. Diese Belohnungen werden auch primäre positive Verstärker genannt: Sie erhöhen die Wahrscheinlichkeit, dass ein Verhalten wieder gezeigt wird.

Beim Einsatz des primären Verstärkers ist es sehr wichtig, dass Sie etwas verwenden, das Ihr **Hund** – und nicht nur Sie – als belohnend empfindet. Diese „Entscheidung“ kann nur Ihr Hund treffen, zumal Verstärker situativ unterschiedliche

[13] Unter Handlungen verstehen wir hier Tätigkeiten und Verhaltensweisen, die der Hund in dieser Situation am liebsten durchführen würde (s. auch Kapitel 2.2.2, Premack-Prinzip)

Wertigkeiten haben. Hat der Hund sich z.B. gerade satt gefressen, so kann es passieren, dass ein Stück Futter nicht mehr in hohem Maße belohnend wirkt!

Im praktischen Training stehen Sie oft nicht direkt in der Nähe des Hundes und benötigen ein spezielles Signal, um die Zeitspanne bis zur eigentlichen Belohnung (dem primären Verstärker) zu überbrücken bzw. ein bestimmtes Verhalten des Hundes in diesem Moment ganz genau herauszustellen und ein genaues Timing zu gewährleisten. Dieses Signal ist somit im Grunde die Ankündigung einer Belohnung, die der Hund erlangen möchte. Dieses Werkzeug wird „sekundärer positiver Verstärker" genannt (Zweitverstärker oder konditionierter Verstärker). Wir nennen es der Einfachheit halber Ihr Markersignal. Hiermit können Sie gewünschtes Verhalten sozusagen „markieren".

Wenn der primäre Verstärker etwas für den Hund sehr erstrebenswertes ist, so verknüpfen Sie das Markersignal gleichzeitig mit einer Emotion, also einer freudigen Erwartungshaltung. Dies nennt man auch „klassische Konditionierung" (PAWLOW, s. Kapitel 2).

Merke: Ein Markersignal ist ein ursprünglich bedeutungsloses Element, welches durch Konditionierung eine positive Bedeutung bekommt und positive Emotionen erzeugen soll.

Aufbau:

Der Aufbau eines Markersignals kann über einen Clicker, ein spezielles Wort oder Geräusch, eine bestimmte Bewegung oder aber auch eine Berührung erfolgen. Ich empfehle, mehrere solcher Signale aufzubauen, damit Sie, wenn z.B. der Clicker einmal zu Hause liegen sollte, trotzdem immer ein gutes Timing einhalten können. Ein ideales Signal ist kurz und markant, damit es gut wahrgenommen wird.

Sie wollen Ihrem Hund nun deutlich machen, dass das Markersignal eine Belohnung angekündigt, und damit das Markersignal selbst zu Belohnung machen. Der Aufbau ist am leichtesten mit Futter durchzuführen. Da Sie gleichzeitig eine Emotion (Freude) mit einbauen möchten, nehmen Sie bitte besonders schmackhafte Futterstücke.

Am Beispiel eines speziellen Wortes (hier „Yes“):

Bitte achten Sie darauf, Ihr Wort deutlich VOR der Bewegung der Hand mit dem Futter zu präsentieren.

Stehen Sie neben oder vor Ihrem Hund. Im Idealfall in einer ablenkungsarmen Umgebung, sodass Sie seine volle Aufmerksamkeit haben. Sagen Sie „Yes“ und geben Sie Ihrem Hund kurz danach direkt ein Futterstück aus der Hand, die bislang auf Ihrem Rücken verborgen war. Nun kommt die Hand wieder außer Sicht, Sie sagen Ihr Markerwort, die Hand kommt zum Hund, Sie belohnen. Diesen Vorgang sollten Sie 15- bis 20-mal wiederholen. Jetzt machen Sie eine kurze Pause und können testen, ob die Verknüpfung schon aufgebaut ist: Wenn Ihr Hund nun etwas Richtiges macht, versuchen Sie einfach, dieses Verhalten mittels „Yes“ zu bestätigen. Wendet der Hund Ihnen nun freudig die Aufmerksamkeit zu, ist die Konditionierung aufgebaut. Sie sollten nach und nach ein bis zwei weitere sekundäre Verstärker mit der obigen Übung aufbauen.

Wenn Sie richtiges Verhalten ab jetzt immer mit den verschiedenen Markersignalen bestätigen, bleibt die Verbindung bestehen bzw. die ankündigende Wirkung erhalten. Zu Beginn ist es empfehlenswert, auf das Markersignal immer eine Belohnung folgen zu lassen, um die „Verbindung“ zu festigen. Bei Worten als Markersignal kann später eventuell die Wirkung der Emotion alleine belohnend sein, so dass Sie nicht mehr jedes Mal eine Belohnung folgen lassen müssen. Bauen Sie allerdings zusätzlich einen Clicker als entsprechendes Signal auf, so sollten Sie die starke Konditionierung beibehalten. Auf den Click sollte immer eine Belohnung folgen. Nur dann ist der Clicker ein sehr zuverlässiges und „mächtiges“ Instrument.

Wiederholen Sie das Markersignal häufig, ohne dass daraufhin eine Belohnung folgt, wird die Verknüpfung wieder gelöscht.

Für alle Markersignale können Sie später statt Futter auch andere Belohnungen einsetzen, wenn sie situativ passend, verfügbar und für Ihren Hund attraktiv sind (z.B. Spiel, Bewegung, bestimmte Verhaltensweisen, wie z.B. Schnuppern dürfen).

Trainertipp:

Für die Arbeit an problematischen Verhaltensweisen ist es immer sehr empfehlenswert, mit dem Clicker zu arbeiten. Nehmen Sie sich die Zeit und erlernen Sie dieses „Handwerk", zu Beginn auch erst einmal für sich ohne Hund (z.B. „clickern" Sie beim Fernsehen jedes Mal das Wort „und"), damit Sie Ihr Timing verbessern und sich an die Handhabung gewöhnen.

Was macht den Clicker zu einem besonders empfehlenswerten Markersignal?

1. Die Nervenleitung Kopf-Armmuskulatur ist schneller als die Leitung Kopf-Stimmbänder, darum ist der Clicker präziser.

2. Der Clicker klingt *immer gleich* und transportiert immer dieselbe Information. Ihre Stimme kann sich unterschiedlich anhören.

3. Der Click beinhaltet eine *emotionale Information* (Freude, freudige Erwartungshaltung), da er über eine klassische Konditionierung aufgebaut wird.

4. Das Clickgeräusch kommt zunächst im Mandelkern im Gehirn (dem emotionalen Gedächtnis) an und kann dort *„die Waagschale* zum Positiven hin *verschieben*"[14].

5. Sie *selbst bleiben ruhiger*, da das Clickern eine sehr konzentrationsintensive und logische Sache ist. Ihr Hund benötigt gerade in hochemotionalen Situationen einen besonnenen und ruhigen Rückhalt.

---

[14] Pryor, K. (2009): Reaching the Animal Mind – Clicker Training and What It Teaches Us about All Animals. Simon & Schuster Inc. New York

Beim „Gassi gehen" gut ausgerüstet – mit Clicker und „Leberwurst für Hunde" als besonders schmackhafte Belohnung

3.2 „Freundlicher" Verhaltensabbruch für „kleinere" unerwünschte Verhaltensweisen

Hier wird ein Geräusch aufgebaut, das ein momentan gezeigtes Verhalten abbricht. Auf dieses Signal beendet der Hund die unerwünschte Tätigkeit und wendet sich Ihnen zu oder kommt zu Ihnen, um sich eine Belohnung abzuholen. Einzusetzen ist dieses Signal z.B. beim Kauen an unerwünschten Dingen im Haus, bei Bedrängen von Besuchern oder bei zu wildem Spiel unter den Hunden – Ihnen fallen bestimmt noch weitere Momente ein.

Der freundliche Verhaltensabbruch wird mit angenehmen Dingen aufgebaut, entsprechend ist die empfundene Emotion eine angenehme. Bitte geben Sie im Anschluss an einen Verhaltensabbruch immer eine Alternative zum vorherigen Verhalten oder verhindern Sie, dass der Hund das abgebrochene Verhalten wieder aufnimmt.

Aufbau:

Suchen Sie sich ein Geräusch aus, z.B. ein Zungenschnalzen. Auch der Einsatz eines Wortsignals ist möglich (z. B. „Kuckuck").

Ihr Hund ist in Ihrer Nähe. Sie machen das Geräusch oder geben das Signal und belohnen sofort mit Futter. Spielzeugeinsatz ist möglich, aber umständlich, da eine Spieleinheit angeschlossen werden müsste, die den Hund eher anregt. Wiederholen Sie die Übung am besten in mehreren kleinen Einheiten mit kurzen Pausen.

Im nächsten Schritt warten Sie nach Ihrem Geräusch oder Signal auf einen Augenkontakt, den Sie dann loben/clicken und belohnen. Diesen Schritt sollten Sie bitte oft wiederholen und dabei auf immer längeren Augenkontakt Wert legen. *Timing*: Der Augenkontakt wird mit dem Markersignal belegt.

Wenn diese Einheiten gut funktionieren, können Sie nach und nach mehr Ablenkung einsetzen bzw. das Signal anwenden, wenn Ihr Hund sich zu Ihnen umwenden oder zu Ihnen laufen muss. Steigern Sie die Anforderungen langsam. Belohnen Sie bitte gut, denn hier erschaffen Sie einen wirkungsvollen „Unterbrecher" für Verhaltensweisen, die zwar unerwünscht, aber nicht gefährdend sind. Er funktioniert deshalb so gut, weil er für den Hund angenehm ist.

Bitte achten Sie auf eventuelle Verhaltensketten von Seiten des Hundes. Dies würde bedeuten, dass Ihr Hund Fehlverhalten zeigt, damit Sie den Unterbrecher einsetzen. Dann geben Sie bitte kein Signal und belohnen nicht, sondern gehen einfach weg oder verlassen den Raum. Im Weiteren sollte verhindert werden, dass Ihr Hund das Verhalten weiter einsetzen kann, um Sie zum Abbruch zu „bewegen".

Für einen schnell zur Gefahrenabwendung einzusetzenden Verhaltensabbruch verwenden Sie das folgende „Abbruchsignal mit Alternative".

3.3 Abbruchsignal mit Alternative/„Lass es“

Beim Abbruchsignal mit Alternative geben Sie aus der Entfernung das Signal „Lass das“. Daraufhin bricht Ihr Hund eine gerade getätigte oder beabsichtigte Aktion ab oder lässt etwas Fressbares liegen und kommt zu Ihnen gelaufen. Das kann sehr wichtig sein, wenn Ihr Hund beispielsweise etwas im Gebüsch findet.

Richtig aufgebaut ist es ein wichtiges und sehr wirkungsvolles Werkzeug.

Wichtig: Verwenden Sie dieses Signal nicht zu oft und für kleine unangemessene Verhaltensweisen, auch wenn es Ihnen nach dem Aufbau wie eine „Wunderwaffe“ erscheint. Heben Sie sich dieses effektive Werkzeug für Momente auf, die Ihren Hund gefährden oder wenn er in einer bestimmten Situation jemanden gefährden oder belästigen könnte. Ein gut trainierter Rückruf reicht in „Alltagssituationen“ völlig aus, es muss nicht für jedes abzubrechende Verhalten das „Lass es“ angewendet werden. Manche „harmlosen“ Verhaltensweisen können auch schlichtweg ignoriert werden oder mit dem unter 3.2 erklärten Unterbrecher beendet werden.

Einige Bespiele, wann ein Abbruchsignal mit Alternative angebracht ist: Ihr Hund läuft frei und ist im Begriff, eine sich nähernde Person zu bedrängen bzw. zu belästigen; Ihr Hund hat am Wegesrand ein altes Schulbrot gefunden und will es fressen; Ihr Hund versucht, Nachbars Katze zu verfolgen etc.

Eine gute Gelegenheit, das Abbruchsignal zu nutzen

Wir Menschen rufen häufig „Nein“, „Aus“ oder „Pfui“, ohne dem Hund vorher beigebracht zu haben, was diese Worte bedeuten. Hunde haben kein Sprachzentrum und somit kein Wortverständnis, so dass Signalworte immer erst verständlich gemacht werden müssen, **bevor** man sie anwendet. Das Wortsignal „Nein“ hat man meist schon so oft erfolglos oder mit leidigem Erfolg benutzt, dass es für den Aufbau des Abbruchsignals mit Alternative ungünstig wäre.

Zunächst muss dem Hund also die Bedeutung des Wortsignals **„Lass es“** beigebracht werden. Dazu benötigen Sie zweierlei Futterbelohnungen. Einige einfache („langweilige“) Trockenfutterstücke werden in die eine Hand genommen. In die andere Hand nehmen Sie besonders feine Leckerbissen, beispielsweise klein geschnittene Fleischwurst. Überlegen Sie sich ein Wort mit der Bedeutung: „Lass das, was Du tust oder tun willst, sofort sein“. Hier bietet sich das „Lass es“ an, Sie können auch „Fehler“ oder ein anderes Wort verwenden. Überlegen Sie, was Sie wirklich in einer entsprechenden Situation spontan rufen würden – in Notsituationen können Sie nicht mehr grübeln, das Wort muss parat sein. Sie sollten dieses Wort konsequent nur für das Abbruchsignal nutzen, es sollte kein Wort sein, das Sie ständig sagen. Das Wort „Nein“ ist meist schon durch zu häufigen, ineffektiven Gebrauch negativ belegt und daher schlecht.

1. Schritt

Zum Aufbau des Signalwortes bieten Sie Ihrem Hund nun die „langweiligen“ Futterstücke einzeln aus der Hand an. Zeigt Ihr Hund Interesse, so geben Sie ihm einzeln zwei bis drei Stückchen. Das dritte oder vierte Futterstück geben Sie nicht; sagen Sie „Lass es“ (oder Ihr spezielles Wort) und schließen dann die Hand, so dass der Hund nicht an das Futter kommt. Das Schließen der Hand ist wichtig, um dem Hund im Zusammenhang mit dem gehörten Signalwort einen Misserfolg zu verschaffen. Normalerweise wird Ihr Hund nun versuchen, an der Hand zu lecken, zu knabbern oder vielleicht sogar zu kratzen. Die Hand bleibt zu. Wendet er sich ab oder nimmt sich zurück und blickt Sie an, belohnen Sie ihn sofort mit den besonders feinen Leckerbissen aus der anderen Hand. Wichtig ist, das Signal „Lass es“ immer **vor** dem Schließen der Hand auszusprechen! Das Signal soll ja später auf Zuruf in der Entfernung klappen, deshalb ist das Wortsignal hier besonders wichtig und muss vor die Köpersprache gestellt werden. Zudem sollten Sie darauf achten, das Signalwort jeweils nur **ein Mal** auszusprechen, sonst könnten Sie versehentlich eine Wortreihe trainieren.

Die Belohnung wird also für das Ablassen von der ersten Hand gegeben. Verfahren Sie mehrere Male auf diese Art und Weise. Sie werden sehen, dass Ihr Hund immer schneller reagiert, wenn er das Signalwort hört. Bitte wechseln Sie beim Training die Hände, sonst merkt sich der Hund, dass die feinen Futterstücke immer in einer bestimmten Hand sind. Bitte blockieren Sie auch nicht immer das dritte, sondern auch einmal das erste, zweite, vierte oder fünfte Trockenfutterstück. Hunde prägen sich sonst sehr schnell Regelmäßigkeiten ein!

Nach einigen Wiederholungen können Sie Ihre Hand auch geöffnet lassen, wenn Sie „Lass es“ sagen. Reagiert Ihr Hund auch hier sofort auf das Signal dürfen Sie ihn hierfür besonders stark belohnen, z.B. mit mehreren besonders feinen Leckerbissen auf einmal.

Diese Übungsstufe sollten Sie ein paar Tage festigen und in unterschiedlichen Umgebungen üben.

Achten Sie bitte weiterhin darauf, das Signal nur einmal zu geben und es nicht stetig zu wiederholen, damit es nicht zu einer erlernten Irrelevanz bzw. Habituation kommt.

2. Schritt

In einem zweiten Schritt müssen Sie Ihrem Hund nun deutlich machen, dass dieses Kommando auch für auf dem Boden liegende Dinge gilt: Sie legen die „langweiligen“ Futterstücke einzeln auf den Boden und fordern Ihren Hund mit einem „Nimms!“ auf, diese zu nehmen. Das Wort „Nimms!“ ist wichtig, denn sonst könnten Sie versehentlich antrainieren, dass es in Ordnung ist, Dinge vom Boden zu fressen. Dann legen Sie sich ein Trockenfutterstück so unter den Fuß, dass Sie, nachdem Sie „Lass es“ gesagt haben, den Fuß auf das Futter stellen können. Der Hund kommt nicht dran, Sie warten auf eine gute Reaktion des Hundes (z.B. wegsehen oder weggehen vom Fuß, sich Ihnen zuwenden) und belohnen diese mit schmackhaftem Futter aus Ihrer Hand. Hier sollten Sie einige Wiederholungen folgen lassen. Blockieren Sie auch hier in unregelmäßigen Abständen. Eventuell können Sie recht bald mit dem Wortsignal alleine erreichen, dass Ihr Hund die „Verführung“ auf dem Boden auf Signal ignoriert und müssen diese nicht mehr mit dem Fuß abdecken. In diesem Fall sollten Sie besonders gut belohnen.

Wenn Sie diese Stufe einige Tage geübt haben und Ihr Hund sie beherrscht, können Sie nach dem „Lass es“ beginnen, einige Schritte rückwärts zu gehen. Dadurch soll nun der Rückruf integriert werden. Wenn Sie nach dem Signal „Lass es“ und der richtigen Reaktion des Hundes mit der Belohnung einige Schritte rückwärtsgehen und Ihren Hund somit etwas entfernt belohnen, müssen Sie nicht extra rufen. Das „Lass es“ beinhaltet nach diesem Trainingsschritt ein Ablassen vom ausgelegten Trockenfutter und ein Laufen zu Ihnen. Zum Üben und Festigen geben Sie also nur noch das Signal „Lass es“ und belohnen in der Entfernung. Gehen Sie beim Rückwärtslaufen eher schräg weg, sodass Ihr Hund auf dem Weg zu Ihnen das ausgelegte Trockenfutter nicht als „Proviant“ doch noch aufnimmt.

Auch diese Trainingsstufe sollte ein paar Tage gefestigt werden, wobei hier im Sinne einer Generalisierung wichtig ist, dass Sie unter verschiedenen Umständen in vielen unterschiedlichen Situationen üben und z.B. auch die Orte wechseln, an denen Sie üben.

3. Schritt

Für den dritten Schritt benötigen Sie zu Beginn eine Hilfsperson, da Sie Ihrem Hund vermitteln möchten, dass dieses Signal auch auf Entfernung gültig ist.

Ihre Hilfsperson steht in einigen Metern Entfernung und soll ein Brötchen, ein Spielzeug oder ein Futterstück fallen lassen. Sie lassen nun Ihren Hund dorthin laufen und geben, sobald der Hund zeigt, dass er das Objekt aufnehmen will, Ihr Abbruchsignal. Hierbei ist es sehr wichtig, dass die Hilfsperson für den Fall, dass Ihr Hund trotzdem „zugreifen" will, für einen entsprechenden Misserfolg sorgt, indem der Helfer das Objekt sanft blockiert, nachdem Sie Ihr Signal gegeben haben. Wenn Sie den zweiten Schritt korrekt aufgebaut haben, weiß Ihr Hund, dass er nun – ohne extra gerufen werden zu müssen – zu Ihnen laufen soll. Sobald er bei Ihnen ist, geben Sie ihm eine hochwertige Belohnung. Wiederholen Sie diesen Schritt so lange, bis Ihr Helfer nicht mehr blockieren muss. Zu Beginn kann eine starke Belohnung das Training ungemein beschleunigen.

4. Schritt

Im vierten Trainingsabschnitt sollten Sie versuchen, ohne Hilfsperson auszukommen – legen Sie ein altes Brötchen oder ein Spielzeug aus und versuchen Sie, Ihren Hund auf Distanz mit dem Signal abzurufen. Belohnen Sie gut! Wenn Sie gut vorankommen, können Sie auch Objekte werfen und versuchen, Ihren Hund davon abzuhalten, diese aufzunehmen. Dies ist ziemlich schwierig – gehen Sie also langsam vor!

Bitte beachten Sie, dass es wichtig ist, für ein Abbruchsignal etwas Besonderes zur Belohnung zu benutzen! Sonst merkt Ihr Hund ganz schnell, dass es doch mehr bringt, das alte Pausenbrot auf dem Spaziergang zu fressen, statt sich von Ihnen als Lohn für die Mühe ein beiläufiges Kopftätscheln abzuholen. Und vergessen Sie nach dem Aufbau nicht, gezielt ein bis zweimal wöchentlich zu üben.

Merke: Das Abbruchsignal ist mitunter ein wichtiges Kommando für den Notfall – Sie sollten sicherstellen, dass es funktioniert!

Wenn Sie im Alltag einmal nichts Besonderes dabei haben, so belohnen Sie mit vorhandenen Dingen und „laden" das Signal zu Hause mit etwas Feinem wieder auf. Das Signal wird abgeschwächt oder wirkungslos, wenn Sie es immer einsetzen, ohne dass die sehr angenehme Konsequenz folgt.

3.4 Rückorientierung – gemeinsam unterwegs

Ein sehr wichtiger Aspekt des Zusammenlebens mit dem Hund ist eine gute Bindung, durch die sich Ihr Hund an Ihnen orientiert. Die Rückorientierung auf Spaziergängen oder im Freilauf des Hundes kann und sollte ganz gezielt gefördert werden. Ein Hund, der auf Sie achtet und mit Ihnen kooperiert, kann mehr Freiheiten haben als ein Hund, der auf Spaziergängen „sein eigenes Ding durchzieht". Insbesondere bei Hunden mit Jagdleidenschaft ist es wichtig, dass sie sich auf den Spaziergängen am Besitzer orientieren und durch ihn beschäftigt werden – dies geht besonders gut durch Kooperation und „gemeinsame Aktivitäten".

Um die Rückorientierung zu fördern, achten Sie bitte darauf, ob und wie oft Ihr Hund sich nach Ihnen umsieht, auf Sie schaut, in Ihre Nähe kommt, Körperkontakt sucht oder Aktivitäten mit Ihnen durchführen will. Jede dieser Verhaltensweisen sollte unbedingt von Ihnen bemerkt und „beantwortet" werden. Erwidern Sie den Blick, lächeln Sie, streicheln Sie Ihren Hund, geben Sie ab und zu ein Stück Futter, lassen Sie zur Belohnung geworfenes Futter suchen. Ihr Hund soll lernen, dass es gut und wichtig ist, nach Ihnen zu sehen. Schaut er gar nicht nach Ihnen, so sollten Sie diese Übungen zunächst an einer langen Feldleine und am Geschirr durchführen. Wichtig: **Keine** flexible Ausziehleine und lange Leinen **nie** am Halsband!

Hunde, die sehr selbstständig unterwegs sind, können durch Rückorientierungsübungen wieder zu einer verbesserten Achtsamkeit gegenüber den Besitzern motiviert werden. Ich empfehle hier den Einsatz von Futter. Da Sie auf Spaziergängen häufig üben werden, können Sie natürlich auch Teile der regulären Mahlzeit verwenden und somit häufig belohnen, ohne dass Ihr Hund zunimmt. Liebe geht ja immer auch ein bisschen durch den Magen, vor allem bei Hunden. Liebt Ihr Hund Spielzeuge oder Körperkontakt zu Ihnen, so können Sie natürlich auch diese Elemente als Belohnungen einsetzen. Das Ziel ist, dass der Hund seine Bezugsperson im Auge behält.

In der nächsten Zeit sollten Sie, wenn Ihr Hund ein wenig vorausläuft, ab und zu einfach kommentarlos stehen bleiben oder gar umkehren, ohne dies anzukündigen. Immer wenn Ihr Hund bemerkt, dass Sie angehalten haben oder einen anderen Weg gehen, und zu Ihnen kommt, sollten Sie dies aus der Hand belohnen. Im weiteren Trainingsverlauf können Sie ihm Futterstücke auch zuwerfen oder, um die Geschwindigkeit zu erhöhen, in die weitere Laufrichtung des Hundes werfen.

Wenn Sie noch mit langer Leine üben müssen, wird es passieren, dass die Leine den Radius vorgibt. Ihr Ziel sollte jedoch sein, dass Ihr Hund nicht jedes Mal in die

Leine rennt, sondern dass Sie vorher bereits eine Rückorientierung ausgelöst haben. Andernfalls ist das Spannen der Leine der Auslöser für das Umwenden. Irgendwann einmal möchten Sie jedoch diese Orientierung auch im Freilauf von Ihrem Hund sehen. Bitte vermeiden Sie daher die Fehlverknüpfung mit der gespannten Leine.

Sehr lebhafte Hunde profitieren von Ruckdämpfern, die Sie zwischen Leine und Geschirr schalten. Im Idealfall läuft das Training in kleinen Schritten und vielen Unterstufen, so dass Ihr Hund das Leinenende gar nicht erreichen muss, sondern vorher immer wieder nach Ihnen sieht.

Trainertipp: Stellen Sie das Umsehen oder das in Ihre Nähe kommen nicht unter Signal, es soll ein selbstständiges Standardverhalten werden. Dies bedeutet, dass Ihr Hund das Orientieren nach Ihnen von sich aus zeigt, ohne dass Sie es einfordern müssen.

Für ein Zurückkommen sollten Sie, wenn Sie tatsächlich ein Signal benötigen, Ihren Rückruf gut aufgebaut haben. Das Orientieren nach Ihnen sollte möglichst selbstständig erfolgen.

Orientierungsfördernde Übungen im Freilauf müssen unter Beachtung der Landesjagdgesetze und Vorschriften der Gemeinde erfolgen – im wildreichen Gebiet oder gar Wildschongebiet müssen alle Hunde an der Leine geführt werden!

3.5 „Wir gehen“ – die Blitzwendung oder das Umkehrsignal

Dieses Signal ist sehr wichtig, wenn Hunde Problemverhalten gegenüber fremden Menschen oder anderen Hunden zeigen. Es ist ein Notfallmittel, um schnell aus einer Situation herauszukommen, die eskalieren könnte. Ziel ist es, nicht involviert zu werden. Außerdem soll vermieden werden, dass der Hund das Problemverhalten weiter „übt“. Gleichzeitig wird der unangenehme Reiz durch eine Art „positive Aufregung“ überlagert. So kann eine unangenehme Abspeicherung der Erfahrung im Gehirn verhindert oder abgemildert werden.

Eine Blitzwendung kann immer dann eingesetzt werden, wenn der Hund noch nicht so weit trainiert ist, dass die anstehende Situation für ihn zu bewältigen wäre bzw. wenn plötzliche, überraschende Veränderungen in der Umgebung auftreten, die eine explosionsartige Reaktion bewirken würden.

Achtung: Diese Übung kann **nicht** bei Hunden eingesetzt werden, die aggressive Verhaltensweisen beim Auftauchen eines Reizes auf den Besitzer umrichten[15]! In diesem Fall kontaktieren Sie am besten einen tierärztlichen Verhaltensspezialisten oder einen qualifizierten Trainer! Die spezielle verhaltensmedizinische Therapie für umgerichtete Aggression gehört unter fachliche Aufsicht.

Merke: Ein Hund mit Problemverhalten gegenüber Menschen oder Hunden sollte niemals unangeleint in der Öffentlichkeit unterwegs sein!

Der Hundebesitzer ist verpflichtet, für die Sicherheit der Umgebung zu sorgen bzw. zu verhindern, dass sein Hund Personen oder andere Tiere bedroht, belästigt oder gefährdet. Hunde, die Personen oder andere Tiere gefährden könnten, müssen angeleint geführt werden. Die Blitzwendung sollte entsprechend auch angeleint geübt werden (§833 BGB; §2NHundG und weitere landesrechtliche sowie kommunale Vorschriften).

Die rasche Wendung sollte über positive Verstärkung aufgebaut sein, denn dann bedeutet sie etwas Angenehmes und kann damit der ausschlaggebende Punkt sein, um ein Kippen der Situation ins Negative zu verhindern. Die Konfliktsituation Ihres Hundes sieht meist so aus: Er ist bei Auftauchen des Reizes erst einmal erschrocken und im Verhalten gehemmt (Entscheidungspunkt). Alle negativen Eindrücke bringen Ihren Hund in eine Vorwärtsreaktion (Vertreiben) zum Reiz – diese Reaktion ist nicht erwünscht. Alle positiven Eindrücke halten Ihren Hund von einer unangemessenen Reaktion ab. Am Entscheidungspunkt halten sich die Eindrücke eventuell die Waage. Fügen Sie hier einen angenehmen Reiz hinzu und verlassen Sie die Situation – insbesondere dann, wenn Sie nicht möchten, dass Ihr Hund weiter an seinen Vertreibungsstrategien übt.

Es gibt Trainingsphasen, in denen eine direkte Konfrontation mit bedrohlichen Reizen noch nicht möglich ist. Ein Hund, der mit dem Anblick fremder Hunde auf eine Entfernung von fünf Metern klarkommt, ist eventuell bei einer Distanz von zwei Metern und bei überraschendem Auftauchen sehr überfordert und wird mit großer Wahrscheinlichkeit unerwünscht reagieren.

Merke: Im Zweifel oder bei Bedenken ist eine Distanzvergrößerung immer die richtige Wahl!

---

[15] Unter umgerichteter Aggression versteht man, dass der Hund die Aggression aus Frustration gegen das nächststehende Objekt (z.B. die Besitzer) richtet, wenn er zum eigentlich aggressionsauslösenden Objekt nicht hinkommt.

Verlassen Sie die Situation lieber schnell, denn eine einzige unangenehme Erfahrung gefährdet Ihre bisherige Arbeit und die Lernerfolge des Hundes. Niemand zwingt Sie und Ihren Hund, in eine Sie beide überfordernde Situation hineinzurennen!

Mit der Blitzwendung können Sie Ihren Hund schnell aus brenzligen Situationen herausleiten.

Aufbau:

Benutzen Sie je nach Leidenschaft Ihres Hundes Futter oder Spielzeug für diese Übung. Im Grundlagenkapitel habe ich bereits darauf hingewiesen, dass rasche, schnelle und kraftvolle Verhaltensweisen gut mit Spielbelohnungen bestätigt werden können. Liebt Ihr Hund ein spezielles Spielzeug, so wäre hier ein guter Einsatzpunkt! Im Aufbau ist es sinnvoll, Dinge zu benutzen, die Ihr Hund besonders gerne mag, um eine positive Assoziation herzustellen. Auch ein Clickereinsatz ist sinnvoll, denn das Clickgeräusch bedeutet auf konkrete und gleichbleibende Art immer etwas Tolles und kann so die emotionale Grundstimmung beeinflussen.

Die Blitzwendung muss gut aufgebaut werden – setzen Sie das Signal also erst im Ernstfall ein, wenn Sie es etabliert und geübt haben. Üben Sie nach Möglichkeit täglich, Sie werden sehen, wie viel Spaß Ihr Hund an diesem Signal hat. Es soll eines der Lieblingssignale für Ihren Hund werden und somit auch in emotionalen Situationen funktionieren.

Suchen Sie sich bitte Übungssituationen ohne unangenehme Reize heraus. Wenn Sie das Signal bereits zu Beginn immer dann sagen, wenn etwas „Gruseliges“ vorhanden ist, wird es leider zum Ankündiger einer unangenehmen Situation. Diese Fehlverknüpfung sollte unbedingt vermieden werden. Nutzen Sie zu Beginn eine reizarme, sichere Umgebung für das Üben.

Wichtig: Die Übungen sollten nur am Brustgeschirr durchgeführt werden!

Bitte wählen Sie ein Signalwort oder ein Geräusch, das Ihnen auch in einer Notsituation sofort einfällt. In Schrecksituationen sind wir oft ebenso erstarrt wie der Hund. Wenn Sie hier überlegen und grübeln müssen, wie nun Ihr Signal für die Kehrtwendung lautet, so lassen Sie wertvolle Zeit verstreichen. Wählen Sie mit Bedacht. Typische Beispiele für das Signal sind: „Kehrt“, „Wir gehen“ oder ein Ausruf, den sie vielleicht sowieso tätigen würden, z. B. „Oops“ oder ein rasches, geräuschvolles Einatmen.

Vorgehen:

Führen Sie die Übungen zunächst ohne Auslösereize durch!

Ihr Hund ist angeleint, Sie haben die Belohnung griffbereit, aber nicht in der Hand! Gehen Sie zusammen ein Stück. Wenn sich Ihr Hund ein wenig vor Ihnen befindet, so geben Sie das Signal (z.B. „wir gehen“) und laufen in die andere Richtung. Sie können das Umwenden des Kopfes mit dem Markersignal belegen und so an der Schnelligkeit feilen. Sobald Ihr Hund mitläuft, sollten Sie mit Futter und Spiel belohnen. Die meisten Hunde haben große Freude am Rennen mit ihren Besitzern, so dass Sie hier auch ein Laufspiel anschließen können.

Klappen die Übungen in den ersten Untereinheiten gut, so können Sie z. B durch ausgelegte Spielzeuge oder geworfene Trockenfutterstücke ein wenig Ablenkung einbringen. Die Ablenkung sollte etwas Angenehmes sein. Auch eine Person, die Ihr Hund gerne mag, wäre beispielsweise geeignet.

Unterelemente der Übung:

Zu Beginn ist es wichtig, das *rasche Umwenden* über ein gutes Timing zu verstärken, das *schnelle Weglaufen* können Sie dann im zweiten Schritt stärker betonen.

Geben Sie das Umkehrsignal nach dem ersten Aufbau, wenn Sie hinter Ihrem Hund stehen und markieren/clicken/loben Sie das *Umwenden* des Kopfes. Die Belohnung gibt es, wenn der Hund ein, zwei Schritte zu Ihnen gemacht hat. Bleiben Sie eine

Zeit lang bei der Betonung des schnellen Umwendens des Kopfes und bringen Sie auch hier ein wenig Ablenkung durch ausgelegte Objekte ein.

Im zweiten Unterschritt können Sie nach dem raschen Umwenden das *Laufen/Rennen* an der Leine zusammen mit Ihnen einbringen, indem Sie das Signal aus größerer Distanz geben und mit Ihrem Hund in die entgegengesetzte Richtung laufen. Sie können nach der Wendung auch Futter in die Laufrichtung werfen.

Diese beiden Unterelemente werden zusammengefügt, wenn Sie die Ablenkung für die Trainingseinheiten nach und nach erhöhen und im Alltag unterwegs sind. Nutzen Sie zu Beginn bitte nicht allzu aufregende Alltagsreize. Sie sollten z.B. nicht gleich einen Einsatz am Zaun des „Feindhundes" versuchen.

Trainertipp: Ich empfehle generell, das Umkehrsignal als solches sehr gut zu trainieren (bis zur nahezu reflexartigen Ausführung) und besser **ohne** Leinenspannung oder Geschirrgriff zu arbeiten. Denn trotz des Aufbaus über positive Verstärkung kann es zum so genannten Oppositionsreflex kommen. Zug erzeugt Gegenzug in die andere Richtung bzw. zum Auslösereiz hin. Des Weiteren sind viele Hunde bei einer lockeren Leine und ohne Spannung im Geschirr eher bereit, beim „Besitzer" durch Rückorientierung nachzufragen. Die gespannte Leine und der Zug am Geschirr waren vermutlich zu oft schon in unangenehme Situationen eingebunden.

3.6 „Zeigen und Benennen"[16]

Manche Hunde reagieren auf bestimmte visuelle Reize (z.B. andere Hunde, Personen etc.) sehr unangenehm, laut und aggressiv oder ängstlich und panisch. Das Verhalten beginnt meist, wenn ein Reiz wahrgenommen wurde und sich nähert. Diese speziellen Reize werden auch „Trigger" genannt, da sie bestimmte Verhaltensweisen auslösen oder „triggern".

Aus Besitzersicht besteht oft kein Anlass für eine überzogene Reaktion des Hundes und sie reagieren verständnislos. Aber aus Hundesicht wird der Moment anders gewertet. Für den Hund nimmt die Situation sehr bedrohliche Ausmaße an. Aus Hundesicht ist der auftretende Reiz so extrem, dass die persönliche Unversehrtheit gefährdet ist. Im Grunde ist unsere menschliche Bewertung der Situation nicht

---

[16] Im Original „Look at that" (McDevitt, 2007), im Deutschen als „Zeigen und Bennen" von Dr. U. Blaschke-Berthold etabliert (Schoppe 2012)

relevant, denn es ist ein individuelles Problem des Hundes – egal, was *wir* denken, für *den Hund* scheint die Situation äußerst bedrohlich zu sein.

Häufig versuchen wir Menschen, unsere Hunde abzulenken, wenn ein Auslösereiz auftaucht. Das funktioniert meist schlecht. Wenn wir erfolgreich sind, bemerkt der Hund die Bedrohung erst im letzten Moment. Das hat meist eine explosionsartige Reaktion zur Folge oder aber der Hund wird an der Ausübung eines überlebensnotwendigen Verhaltens gehindert, nämlich die Bedrohung im Auge zu behalten. Dies führt bei der Annäherung eines Triggers ebenfalls zu extremer Anspannung und gipfelt oft im letzten Moment in einer „Explosion".

Wir Menschen können von angsteinflößenden Dingen auch nicht einfach wegsehen, wir starren hin, wie das bekannte Kaninchen vor der Schlange – die Natur hat das so eingerichtet. Deshalb sollten wir unseren Hunden das Hinsehen ermöglichen und dieses ruhige Wahrnehmen gleichzeitig mit etwas sehr Angenehmem verknüpfen bzw. es unter Signalkontrolle bringen. Hinsehen dürfen ist überlebensnotwendig und kann sogar „Spaß" machen, wenn es eine Aufgabe wird!

Anmerkung: Wenn Sie den Verdacht haben, dass Ihr Hund an einer Angst- oder Aggressionsproblematik leidet und dabei seine Umwelt, Sie oder sich selbst gefährdet, so sollten Sie **immer** einen Spezialisten aufsuchen. Der Spezialist wird eine konkrete Diagnose stellen, Differenzialdiagnosen unter Ausschluss medizinischer Ursachen mit einbeziehen und strukturiert mit Ihnen am Problemverhalten Ihres Hundes arbeiten. Er wird Sie persönlich anleiten und betreuen, so haben Sie einen Ansprechpartner im Trainingsverlauf. Ein weiterer wichtiger Aspekt in der Therapie ist der objektive Blick eines geschulten Auges und damit verbunden die Berücksichtigung individueller Besonderheiten und das Ausschließen eventueller Therapiefehler. Oft ist ein vermeintlich „aggressiver" Hund im Grunde ängstlich oder ein leiser Hund ohne lautes Drohen doch offensiv aggressiv und könnte somit sehr gefährlich werden. Entsprechend müsste die Therapie anders ausgerichtet sein. Leider ist es oft sehr schwer, diese subtilen oder deutlichen Anzeichen beim eigenen Hund richtig zu erkennen, zumal man subjektiv urteilt. Suchen Sie Hilfe!

„Zeigen und Benennen“ – Diese Trainingsmethode ist Gold wert!

Beim „Zeigen und Benennen“ können auch die Emotionen Ihres Hundes beeinflusst werden. Ruhiges **Hinsehen** zu einem Reiz wird gelobt, auf das Lob/Markersignal hin wendet der Hund sich zu Ihnen um und erhält eine Belohnung. Das Auftreten des vormals unangenehmen, bedrohlichen oder frustrierenden Reizes wird durch das Loben des ruhigen Blickes und Belohnen bei gleichzeitigem Abwenden mehr und mehr emotional umbesetzt. Das Auftauchen eines „Triggers“ (Auslösereiz) wird zum Signal für eine Trainings- oder Arbeitseinheit, anstatt den Hund in ängstliche oder aggressive Zustände zu bringen. Der Grund für das Hinsehen wird ein anderer. Gleichzeitig wird es immer „besser“, den Trigger anzusehen, denn es zahlt sich aus! Die Emotion verändert sich, Ihr Hund wird vermutlich bald selbstständig entsprechende Reize anzeigen, um sich eine Belohnung von Ihnen abzuholen. Er wird sein Verhalten selbst abbrechen. Durch die Einbindung in ein „Training“ bleibt Ihr Hund auf der rationalen Ebene. Aber: Gut Ding will Weile haben, gehen Sie langsam vor. Am besten, Sie holen sich fachliche Unterstützung, um nichts falsch zu machen!

Das Zeigen und Benennen der Auslösereize kann sehr gut in die täglichen Rundgänge integriert werden. Man hat auf einem Spaziergang mehrmals die Gelegenheit, richtiges Verhalten zu verstärken und die emotionale Grundhaltung des Hundes hierbei zu verändern. Das dazugehörige Handwerkszeug möchte ich Ihnen ans Herz legen, aber beachten Sie unbedingt Folgendes:

Bleiben Sie in einer solchen Distanz bzw. nutzen Sie eine solche Reizintensität, die Ihren Hund noch nicht in höhere Erregungslagen bringt. Zu Beginn bleiben Sie am besten so weit entfernt, dass Ihr Hund den Reiz wahrnehmen kann, aber noch nicht unangemessen reagiert. Sie werden den Abstand nach und nach verkleinern können, Maßstab müssen jedoch immer das Verhalten und die Anspannung Ihres Hundes sein. Auch andere Reize können abgeschwächt präsentiert werden oder Sie regulieren die Reizintensität durch Veränderung der Gegebenheiten. Gerät Ihr Hund in Aufregung oder baut sich eine große Spannung auf, brechen Sie die Übungseinheit ab und versuchen Sie es in einer größeren Entfernung neu.

Merke: Gehen Sie niemals zu schnell weiter in eine den Hund oder Sie aufregende Situation!

Es ist schon ein Erfolg, wenn Ihr Hund einen Auslösereiz wahrnehmen kann, ohne in sein Problemverhalten zu fallen! Behalten Sie solche Übungsstufen immer eine Zeit lang bei, um sie zu festigen, bevor Sie weiter voranschreiten.

Das Training sollte zunächst nur auf große Entfernung oder mit einer anderen **Abschwächung** des speziellen Auslösereizes stattfinden. Bitte berücksichtigen Sie, dass dieses Training die Basis für **weitere** Trainingspunkte darstellt. Wenn es klappt, müssen *andere Trainingselemente* folgen, um durch die Situation hindurchzukommen. Hierzu sollten Sie sich fachliche Unterstützung holen.

Lassen Sie Ihren Hund beim „Zeigen und Benennen" den Reiz (z.B. ein Kaninchen) deutlich wahrnehmen.

Vorgehen:

Es bieten sich **vor** der Anwendung im Alltag „Trockenübungen" mit neutralen oder positiv belegten Reizen an: z.B. befreundete Personen, bekannte Hunde oder ein Gegenstand etc. So versteht Ihr Hund das Konzept der Übungen und Sie schaffen es, von Anfang an in einer **entspannten** oder gar freudigen emotionalen Grundhaltung zu trainieren. Eine Möglichkeit wäre, die Übung mit Familienmitgliedern, Bekannten oder Hunden, die keine oder eine positive Reaktion auslösen, durchzuführen: ansehen, das Ansehen loben/clicken, Hund orientiert sich um, belohnen, hinsehen, loben/clicken, umorientieren, belohnen etc. Innerhalb der Übungseinheiten ist es gut, wenn Sie die Situation nach zwei bis drei Blicken mit Lob/Click und Belohnung ein wenig verändern, um den Ablauf zu variieren und kurze Pausen einzubringen. Sie können beispielsweise ein paar Schritte gehen, um Ihre und die Position des Hundes leicht zu verändern. Hat Ihr Hund den Ablauf verstanden, so können Sie das Signal einführen und sagen: „Zeige XY!“, Ihr Hund schaut dorthin, Lob/Click, Kopf abwenden, Belohnung etc.

Trainingstipp: Arbeiten Sie zunächst immer mit neutralen oder positiv belegten Reizen. Die Übung hat Anteile von klassischer Konditionierung, was bedeutet, dass Sie eine Emotion (Freude) mit verknüpfen. Später, bei der Arbeit an Auslösereizen führen Sie im Training unter anderem eine so genannte Gegenkonditionierung durch. Der Trigger ist bereits negativ besetzt und soll mit neuer, angenehmer emotionaler Information „umprogrammiert“ werden. Zusätzlich sind diese Übungen sehr gut über den **Clicker** zu erarbeiten. Der Clicker hat den Vorteil, dass er als helles, metallisches Geräusch zuerst und schneller als die Stimme im Mandelkern (Amygdala, der Bereich für das emotionale Gedächtnis im Gehirn) wahrgenommen wird. Da das Clickgeräusch positiv besetzt ist, wird der Mandelkernbereich wiederum positiv beeinflusst.

Merke: Der Einsatz des Signals „Zeige XY“ sollte für diejenigen Reize, die unangemessene Reaktionen erzeugt haben, erst dann erfolgen, wenn Ihr Hund gelernt hat, den Auslöser ruhig wahrzunehmen, ohne in Anspannung zu geraten!

Grund hierfür ist das Risiko von Fehlverknüpfungen mit dem Wortsignal, wenn versehentlich im Alltag doch eine erhöhte Erregungslage vorliegt und unabsichtlich mit in das Signal eingebaut wird. Wenn Sie jedoch zunächst nur mit positiven Reizen arbeiten, um das Verhalten aufzubauen und die Distanz bei Triggern wahren, kann auch mit dem Signal „Zeige z.B. den Hund!“ gearbeitet werden.

Anmerkung: Bei manchen Patienten[17] empfehle ich, im Training kein Signal aufzubauen, sondern das Hinsehen und wieder Wegsehen als „Standardverhalten“ zu etablieren – d.h., der Hund zeigt das Verhalten von sich aus als Strategie. Meist lernen Hunde jedoch auch mit dem Signal „Zeige XY“ relativ schnell, das entsprechende Verhalten selbstständig anzubieten.

---

[17] Wenn Sie sicher gehen wollen, dass Ihr Hund „Aufreger“ von ganz allein anzeigt, auch wenn Sie selbst nicht aufmerksam waren, sollten Sie es zusätzlich als Standardverhalten antrainieren.

Trainingsschritte in passenden Situationen im Alltag:

Diese Schritte können Sie erst unternehmen, wenn Ihr Hund verstanden hat, dass sein Hinsehen zu Reizen ihm das Lob oder den Click einbringt. Die Vorarbeit mit neutralen und später positiven Dingen ist sehr wichtig, zumal Sie hiermit das Signal aufgebaut haben.

Ein Auslösereiz kommt und ist weit genug weg, Ihr Hund nimmt den Reiz wahr und kann entspannt bleiben. Sie loben/clicken das ruhige Wahrnehmen/Hinsehen zum Reiz. Der Hund wird sich zu Ihnen umorientieren, er möchte seine durch Ihr Clicken oder Lob angekündigte Belohnung. Die Belohnung führt dazu, dass sich Ihr Hund zu Ihnen umorientieren wird. Wiederholen Sie dies ein paar Durchgänge lang, wenn Sie in der sicheren Distanz bleiben können. Danach verlassen Sie die Situation oder gehen weiter. Pro Sichtreiz können Sie vier bis fünf Durchgänge durchführen, dann gehen Sie weiter oder biegen ab. Die Situation sollte unbedingt verlassen werden, wenn der Auslösereiz, z. B. ein anderer Hund, auf Sie und Ihren Hund zukommt und sich die Wohlfühldistanz verringert. Gehen Sie weiter, eventuell ergibt sich bald eine neue Situation.

Den Schritt „Zeigen und Benennen“ in der Wohlfühldistanz oder mit einem abgeschwächten Reiz sollten Sie mit verschiedenen Auslösern häufig wiederholen. Die verschiedenen Reize sollten immer so weit weg sein, dass ein Auftauchen noch nicht zu aufgeregten Reaktionen führt. Anfangs sollten Sie schnell reagieren und das Auftauchen des Auslösereizes und dessen ruhiges Wahrnehmen durch den Hund sofort clicken/loben sowie das Umsehen zu Ihnen belohnen. Andernfalls würde Ihr Hund zu lange mit dem Sichtreiz „alleine gelassen“ werden und könnte diesen fixieren – dadurch würde die Situation sehr angespannt.

Man startet mit den Übungen zunächst auf große Distanz oder mit abgeschwächten Reizen. Es kann auch nötig werden, die Situation abzubrechen (unbedingt VOR der unangemessenen Reaktion). Das ist besonders wichtig, wenn der Reiz auf Sie zukommt. Nach den ersten Hinsehen-Anzeigen-Loben-Übungen sollten Sie die Distanz nicht weiter unterschreiten. Lösen Sie stattdessen nach einigen Wiederholungen ein Alternativverhalten aus (siehe 3.9), wie z. B. einen Bogen laufen oder aus der Situation gehen. Das Verlassen der Situation kann bei manchen Hunden sehr verstärkend auf das ruhige Verhalten wirken, denn der unerwünschte Kontakt wird vermieden. Ich bitte Sie, darauf zu achten, immer **vor** der unangemessenen Reaktion wegzugehen, Sie würden das Problemverhalten sonst verstärken. Weggehen oder eine Situation abbrechen kann eine „belohnende" Wirkung haben und wirkt bei unsicheren Hunden als gezielt vertrauensbildende Maßnahme (siehe 3.11).

Typische Mimik beim „Zeigen und Benennen": Konzentrierter Ausdruck, neutral, interessiert

Achtung: Wenn Sie den Blick des Hundes vom Auslöser weglocken müssen, sind Sie zu nahe am Auslösereiz. Es besteht die Gefahr der Fehlverknüpfung mit Anspannung! Wenn Ihr Hund keine Belohnung annehmen kann, sind Sie ebenfalls zu nah am Reiz oder der Reiz ist zu intensiv! Ist ein Wegsehen nicht möglich, halten Sie eine hochwertige Belohnung vor seine Nase, holen den Blick weg und laufen in die entgegengesetzte Richtung. Belohnen Sie erst, wenn die Distanz größer ist

Versuchen Sie es erneut in größerer Entfernung. Ist Ihr Hund kurz vor einer unangemessenen Reaktion, so ist z. B. die Blitzwendung „Wir gehen" ein gutes Hilfsmittel!

Sollten Sie keine Distanz finden können, in der Ihr Hund ruhig bleiben kann, so müssen zuerst vorbereitende verhaltenstherapeutische Techniken mit Ihrem Hund durchgeführt werden, um ihn für weitere Trainingsschritte empfänglich zu machen.

3.7 Überlagern und Überschreiben von Erregung

Wenn Ihr Hund in einer bestimmten Situation sehr aufgeregt ist oder unangemessen reagiert, sind sein ganzer Körper und auch sein Geist in Alarmbereitschaft. Es kommt zur Ausschüttung von Adrenalin aus der Nebennierenrinde. Adrenalin ist für Fluchtreaktionen vorgesehen und sorgt für eine große Anspannung im Körper, vornehmlich der Muskulatur.

Wenn Ihr Hund und Sie eine unvorteilhafte Situation durchleben mussten, steckt der Hund noch voller Adrenalin – nur, wohin mit dem ganzen „Strom"? Wenn Sie gar nichts machen, verbleibt Ihr Hund noch eine Zeit lang in dieser unangenehmen, angespannten Stimmung und speichert das gesamte Erlebnis als negativ ab (mache Hunde reagieren dann tagelang unangemessen auf kleinste Reize). Hieraus können auf Dauer Folgekrankheiten resultieren.

Zum Adrenalinabbau und zum Abbau unangenehmer Erregung können Sie, nachdem Sie ausreichend Abstand zum Auslösereiz geschaffen haben, ein kleines Rennspiel, Objektspiel oder eine andere, anregende Aktivität mit fröhlicher Grundstimmung durchführen. Um zu verhindern, dass alles als „schlecht" gespeichert wird, sollten Sie die Erregung angenehm überlagern. Im Anschluss daran sollten Sie eine eher ruhige, konzentrierte Tätigkeit folgen lassen, um die Gesamtsituation wieder entspannt zu verlassen.

Nach Ihren anregenden, positiven Aktivitäten sind beispielsweise eine ruhige, konzentrierte Futtersuche (Trockenfutter verstreuen, verstecken oder werfen) oder aber ein paar, auf der Basis positiver Verstärkung trainierte Tricks (z.B. winken) oder Signale (Sitz, Platz etc.) sinnvoll. So wird die Aufregung wieder abgesenkt. Signale sollten Sie nur dann benutzen, wenn diese auch auf der Basis von positiver Verstärkung aufgebaut wurden bzw. Ihr Hund sie freudig und gerne befolgt. Über Druck und Zwang trainierte Verhaltensweisen verschlechtern die Stimmung. Tricks, wie Pfötchen geben oder trainierte Targets (siehe 3.9) sind meist ganz entspannt und fröhlich aufgebaut, so dass Ihr Hund in eine entsprechende Gefühlslage kommt.

Nach dem Überlagern der Erregung kann die Situation z.B. mit konzentrierter Futtersuche wieder entspannt werden

3.8 Entspannung/Absenken der Erregung

Eine weitere Möglichkeit, Anspannung und Stress in Alltagssituationen oder später auch in kritischen Situationen abzusenken, ist eine „trainierte", unter Signal stehende Entspannung.

Nach kritischen Situationen ist ein Verfahren, wie unter 3.7 beschrieben, immer sinnvoll und wichtig. Man kann eine Entspannung bzw. Ansprechbarkeit in bestimmten Situationen gezielt trainieren oder aber wie unter 3.7 vorgehen und die Entspannung noch anfügen.

Vorgehen:

Die Entspannung kann mit einem Wortsignal verknüpft werden, aber auch auf Wortsignal **und** Berührung aufgebaut werden. Es ist ebenfalls möglich, andere Signale, wie Gerüche oder optische Eindrücke einzusetzen (z. B. eine bestimmte Decke). Wir beschränken uns hier auf das Wortsignal oder die Kombination Wortsignal-Berührung.

Es ist wichtig, genau abzuschätzen, ob Ihr Hund auch wirklich gerne angefasst wird – es gibt einige Hunde, die Berührungen als unangenehm und in stressbehafteten Situationen als starke Irritation empfinden. Beobachten Sie Ihren Hund: Wird er gerne gestreichelt? Sucht er aktiv Ihre Nähe und Kuscheleinheiten? Wendet er sich Ihnen auf Berührungen hin zu oder von Ihnen ab? Alle Varianten sind normal. Sollte Ihr Hund nicht so gerne angefasst werden, empfehle ich Ihnen die passive Entspannung.

Anwendung in bereits entspanntem Zustand **ohne** Berührung:

Hier wird versucht, einen entspannten Zustand unter Signal zu stellen. Idealerweise trainieren Sie dies, wenn Ihr Hund wirklich entspannt und zufrieden ist (zu Hause, nach körperlicher und geistiger Auslastung). Günstig ist es, wenn Ihr Hund ruht oder sich gerade ablegt, um zu ruhen oder zu schlafen.

Für das Training gehen Sie in die Nähe Ihres Hundes und wiederholen Sie das Signalwort (z.B. „Ruhig", „Relax") wie ein Papagei immer wieder, während Ihr Hund entspannt ruht. Zu Beginn kann die Verknüpfung mit dem Signal bei dem bereits entspannten Hund erfolgen; im Idealfall erwischt man den Moment, in dem der Hund sich gerade entspannen wird. Üben Sie drei bis viermal täglich für mindestens fünf Minuten. So können Sie eine schnelle Verknüpfung erreichen. Sprechen Sie ganz ruhig und sanft, um Ihren Hund nicht zu aktivieren.

Entspannungssignal **mit** Berührung:

Durch Berührungen wird das parasympathische Nervensystem aktiviert (Beruhigung) – es ist autonom und kann durch den Willen nicht gesteuert werden. Kräftige und langsame, ruhige Berührungen führen außerdem zur Ausschüttung von Oxytocin, dem Bindungshormon, und schaffen so Sicherheit und Entspannung (YAMASUE 2012).

Trainingseinheiten: Bevor Sie den Hund an seiner Lieblingsstelle berühren, sagen Sie das Wort, das Sie als Entspannungswort einführen möchte („ruhig", „relax", etc.). Danach berühren Sie den Hund und streichen langsam und mit sanftem, konstantem Druck über die Stelle. Nach ca. fünf bis zehn Sekunden (eine bis zwei Streichbewegungen) nehmen Sie die Hand wieder weg, pausieren drei Sekunden, nennen das Wort erneut, streicheln usw.

Es braucht hierzu keine langen Übungsphasen, zirka fünf Minuten pro Einheit reichen aus. Wichtig ist, dass man die Übungen im Tagesverlauf mehrfach wiederholt, aber mindestens einmal täglich übt – besser drei- bis viermal.

Entspannung mit Berührung

Die Abfolge und das richtige Timing sind wichtig: Erst sollten Sie das Signalwort sagen, dann anfassen, dann streicheln, dann beenden. Es schließt sich eine neue Abfolge an, Wortsignal, anfassen, streicheln, beenden etc. Ihr Hund sollte ruhig stehen, liegen oder sitzen und wirklich entspannt sein. Achten Sie auf den Körper des Hundes, ideal ist eine lockere, weiche Haltung. Sprechen Sie ruhig und sanft und nicht zu anregend, Ihr Hund soll sich richtig entspannen. Eine Kombination mit TTouches (Linda Tellington-Jones) ist möglich.

Sollte Ihr Hund unruhig werden, brechen Sie besser ab. Bitte üben Sie nicht weiter, wenn er nicht zur Ruhe kommen kann und versuchen Sie es zu einem späteren Zeitpunkt noch einmal.

Berührungen an der Vorderseite des Halses führen kaum zu Reaktionen, hier sollten Sie eventuell beginnen. Wenn Sie erkennen können, dass Ihr Hund sich entspannt, dann können Sie dazu übergehen, ihn mit ruhigen, kräftigen Bewegungen zu streicheln. Berühren Sie ihn nicht an Stellen, an denen es ihm unangenehm ist.

Üben Sie an unterschiedlichen Stellen in der Wohnung und später draußen, bei Freunden oder auf dem Spaziergang, um die Berührung und den Zustand Ihres Hundes (ruhig und gelassen) zu verallgemeinern. Gehen Sie dabei ganz langsam vor! Vielleicht finden Sie andere Menschen, die Ihr Hund kennt und die das Training ebenfalls mit ihm durchführen, falls er einmal von jemand anderem betreut werden sollte.

Sie haben das Trainingsziel erreicht, wenn Sie das Signal geben, Ihren Hund berühren und er sich dabei entspannt und wieder ansprechbar wird.

Die Anwendung in sehr emotionalen Situationen muss schrittweise geübt werden.

Im weiteren Übungsverlauf können Sie zu diesem Zweck Situationen herstellen, die (zunächst nur geringfügig) aufregend für Ihren Hund sind, und das Entspannungssignal mit oder ohne Berührung anwenden. Es empfiehlt sich jedoch, das Training zunächst nur im häuslichen Bereich durchzuführen und erst bei gutem Vorankommen und deutlicher Entspannung in schwierigeren Situationen anzuwenden.

Für später gilt: Wenn der Hund in die erregende, auslösende Situation kommt, dann sollte das Entspannungssignal gegeben werden, bevor die Situation zu intensiv wird. Danach sollten Sie Ihrem Hund helfen und ein **Alternativverhalten** folgen lassen. Durch das stetige Wiederholen des Signals in sehr angespannten Situationen würde eine Verknüpfung mit einem unangenehmen Ereignis und somit eine Ankündigungsfunktion entstehen. Angemessen wäre eine kurze Entspannung auf Signal (Hund wird ansprechbar), dann ein ruhiges Verlassen der Situation mit Alternativverhalten – gehen Sie vom Auslösereiz weg und schaffen Sie Distanz!

Das Entspannungssignal muss regelmäßig geübt werden, um zuverlässig zu funktionieren. Die Verknüpfung des Wortsignals mit der Entspannung muss immer wieder hergestellt werden (klassische Konditionierung, Gefahr der Löschung).

3.9 Target/Handtarget

Beim Targettraining erlernt der Hund einen Bezug zwischen einem seiner Körperteile und einem Zielobjekt (Target). Man kann Nasen-, Pfoten-, Hüft-, Po-, und Blicktargets aufbauen (aus der Sicht des Hundes). Häufig benutzt werden Nasentargets, Pfotentargets und Blicktargets.

Wir beschränken uns hier auf den Aufbau eines Nasentargets – Ihr Hund soll lernen, mit seiner Nase/Schnauze Ihre Handfläche zu berühren, diesen Kontakt zu halten und mit der Nase an Ihrer Handfläche oder Faust konzentriert zu laufen. Im Weiteren wird das Nasentarget für den Hund als Handtarget (für uns) bezeichnet.

Ein Handtarget ist ein gutes Hilfsmittel, um den Hund durch oder aus einer kritischen Situation (z. B. bei angstmotivierten Verhaltensweisen) zu führen. Es ist ein auf der Basis positiver Verstärkung aufgebautes Signal, so dass hier gleich eine angenehme Emotion eingebaut ist. Ein Handtarget kann als so genanntes „konzentrationsintensives Alternativverhalten" genutzt werden. Dies bedeutet, dass Ihr Hund durch die gestellte Aufgabe auch in sehr stressreichen Momenten im rationalen Bereich bleiben kann und nicht übersteigert reagieren muss, weil er ein Alternativverhalten ausführen kann und sich konzentriert. Mehr hierzu können Sie unter dem Punkt 3.10 lesen.

Zu Beginn wird das Handtarget in ablenkungsarmer Umgebung fast wie ein Trick trainiert.

Trainertipp:

Es ist sinnvoll, viele unbeschwerte Tricks auf der Basis positiver Verstärkung zu trainieren, da diese entspannte Grundstimmung „Vieles kann, nichts muss, Hauptsache Spaß!" sich auf das Signal selbst bezieht. Der Einsatz des Clickers ist hier ganz besonders sinnvoll (siehe Punkt 3.1). Tricks helfen, nach stressbehafteten Situationen wieder nachzudenken, wenn ein wenig Abstand hergestellt wurde. Zudem freut sich jeder Hund über geistige Anregung.

Aufbau:

Benutzen Sie schmackhafte, kleine Belohnungen für den Aufbau. Halten Sie Ihrem Hund die Handfläche Ihrer leeren Hand hin – er wird sie mit ziemlicher Sicherheit beschnuppern. Hierfür geben Sie Ihr Markersignal und belohnen aus der anderen Hand. Passen Sie auf dass sie das Signal genau in dem Moment geben, in dem die Hundenase die Handfläche berührt. Nach ein paar Wiederholungen werden Sie sehen, dass Ihr Hund schon selbstständig gegen Ihre Hand stupsen wird.

Sie können dieses Target auch über freies Formen aufbauen. Bei dieser durch minimale Einzelschritte Fehler vermeidenden Methode verstärken Sie kleinste Ansätze und Verhaltensweisen, die Schritte in die richtige „Richtung" bedeuten. Nach und nach nähern Sie sich so dem erwünschten Verhalten an. Achtung, wenn Ihr Hund beim freien Formen in mehr als der Hälfte der Versuche keinen Erfolg hat, sind die Trainingsschritte zu groß!

Wenn Ihr Hund verstanden hat, dass er Ihre Handfläche stupsen soll, können Sie beginnen, Ihre Hand in unterschiedlichsten, für den Hund aber erreichbaren Positionen zu präsentieren. Zwischendurch können Sie gerne auch mit einer Überraschung belohnen, also nach dem Markersignal für eine besonders schöne Leistung etwas besonders Leckeres geben. Für weitere Übungen sollten Sie die Hände zwischendurch wechseln, damit Ihr Hund generalisiert – ein Handtarget sollte an beiden Händen möglich sein.

Wenn Ihr Hund wiederholt das richtige Verhalten zeigt und auch schwierigere Positionen Ihrer Handfläche problemlos mit der Nase berührt, können Sie das dazugehörige Wortsignal einbringen. Im Idealfall kommt das Signal kurz bevor Sie Ihre Hand anbieten, als Signalworte könnten Sie „Touch", „Stups" oder „Hand" verwenden oder selbst kreativ sein.

Das Wortsignal wird nun gefestigt, indem Sie in verschiedenen Situationen kurze Übungen durchführen. Behalten Sie diese Übungsstufe ein paar Tage bei. Parallel hierzu kann das längere Verweilen der Hundenase an der Handfläche gesondert geübt werden (Markersignal erst, nachdem die Berührung etwas länger gehalten wurde, schrittweise steigern). Sind Sie erfolgreich, können Sie beginnen, das Berühren Ihrer Handfläche immer wieder während des Gehens zu üben. Die Handfläche sollte so ausgerichtet sein, dass sie vor der Hundenase ist und Sie und Ihr Hund sich in dieselbe Laufrichtung bewegen. Während des Gehens können Sie Ihren Hund immer wieder auffordern, gegen Ihre Handfläche zu stupsen oder seine Nase an Ihrer Handfläche zu halten. Loben und belohnen Sie häufig!

Mit dem Handtarget können Sie Ihren Hund durch kritische Situationen führen, aber auch verschiedene Positionen einnehmen lassen: Führen Sie ihn beispielsweise am

Handtarget von Ihrer einen auf Ihre andere Körperseite, wenn Ihnen ein Passant auf der Seite des Hundes entgegenkommt.

Gehen am Handtarget

3.10 Alternativverhalten/Ersatzverhalten

Wenn bestimmtes Verhalten in bestimmten Situationen nicht mehr gezeigt werden soll, so ist es sehr wichtig, dass der Hund ein entsprechendes Alternativverhalten zur Verfügung hat. Ein Verhalten einfach „nicht mehr zu zeigen" übersteigt die Fähigkeiten eines Hundes, denn er kann nicht wissen, welches Verhalten in welcher Situation angemessen oder erwünscht ist – bekommt er keine Hinweise, reagiert er mit dem biologischen „Programm". Helfen Sie Ihrem Hund, die richtige Entscheidung zu treffen und trainieren Sie ein Ersatzverhalten. Dieses Verhalten muss häufig, gründlich und gut geübt werden und sollte hochwertig belohnt werden. Nur so ist es in kritischen Situationen abrufbar.

Es gibt verschiedene Möglichkeiten, wie alternative Verhaltensweisen aussehen könnten. Wichtig ist, dass sie situativ umsetzbar sind und in entspannter Stimmung mit positiver Verstärkung aufgebaut wurden. Für das Training eines Alternativverhaltens sollten Sie sich also immer überlegen, welches Verhalten Ihr Hund zeigen und ob sich Ihr Hund mit der Ausführung des Verhaltens wohlfühlen könnte, welches Verhalten Sie in einer bestimmten Situation am liebsten sehen würden und welches Verhalten situativ am besten passt.

Merke: Es ist wichtig, dass das Ersatzverhalten immer sehr stark gelobt und belohnt wird. In weiteren Schritten muss die Zeitdauer für die alternativen Verhaltensweisen immer mehr ausgedehnt werden.

Seien Sie hierbei realistisch, in realen Situationen sollte z.B. ein territorialer Hund bei der Ankunft von Besuchern so lange auf seinem Platz liegen bleiben können, bis die Besucher eingetreten sind, abgelegt haben und sich gesetzt haben. Die Zeit, in der Ihr Hund im Alltag z. B. direkt mit einem entgegenkommenden Artgenossen konfrontiert ist, kann eine halbe bis zu einer Minute dauern. So lange sollte Ihr Hund am Handtarget laufen können.

Das Training des erwünschten Ersatzverhaltens findet zunächst in ablenkungsarmer Umgebung statt.

Zuerst üben Sie täglich ohne auslösende Reize. Das Training des Ersatzverhaltens sollte im Tagesablauf einen hohen Stellenwert bekommen und ganz besonders mit positiver, freundlicher Aufmerksamkeit bedacht werden. Unter langsamer und schrittweiser Steigerung erhöhen Sie die Schwierigkeit: z.B. mehr Ablenkung, längere Dauer, Auslöser näher etc.

Sie könnten:

- ein Verhalten verstärkt üben, das mit dem ursprünglichen Verhalten **nicht vereinbar** ist. So kann zum Beispiel Ihr Hund keine Personen anspringen, wenn er sitzt oder in Begrüßungssituationen zu Hause etwas holt und im Fang trägt.
- ein Verhalten verstärkt üben, das eine **gewünschte Alternative** darstellt. Statt andere Hunde zu bedrohen und immer angespannter zu werden, kann ein Hund beispielsweise lernen, das Auftauchen anderer Hunde ruhig und gelassen anzuzeigen und dabei im rationalen „Modus“ zu bleiben, statt in Übererregung in den Angriffsmodus zu verfallen. Oder er kann lernen, am Handtarget zu laufen, ohne nach Fluchtmöglichkeiten zu suchen.

- alle Verhaltensweisen verstärkt üben, die **nicht das unerwünschte** Verhalten sind. Hier wird der Reiz im Grunde in einer solchen Stärke präsentiert, die normalerweise erste unangemessene Reaktionen erzeugen würde. Es wird auf Verhaltensweisen gewartet, die *nicht* der unerwünschten Reaktion entsprechen. Belohnt wird also das Nichtauftreten des Problemverhaltens. Ohne fachliche Betreuung ist dies nur sehr schwer zu bewerkstelligen und die Reizschwelle kann schnell überschritten sein. Wenn das Training falsch durchgeführt wird, übt der Hund so die unangemessene Reaktion, was selbstverständlich nicht erwünscht ist. Diese Methode ist für Hunde mit Angst- und Aggressionsproblemen innerhalb kritischer Situationen gerade zu Beginn des Trainings keine sinnvolle Variante. Sie ist eigentlich erst später zu bewerkstelligen, wenn schon alternative Verhaltensweisen trainiert wurden und die Emotionen des Hundes bezüglich des Auslösereizes verändert sind.

Für alltägliche, kleinere störende Verhaltensweisen jedoch ist das Verstärken des Nichtauftretens bzw. die gezielte Verstärkung aller anderen, wünschenswerten Verhaltensweisen durchaus eine schöne und einfache Möglichkeit.

Beispiele für Ersatzverhalten:

leinenaggressive Hunde:

- Gehen am Handtarget
- Hund anzeigen
- Hund anzeigen und Abstand vergrößern
- Gehen neben dem Besitzer, Blick zum Besitzer, statt den anderen Hund zu bedrohen
- Köpersprachliche Konfliktvermeidung und Deeskalation (z. B. Schnuppern, Wegsehen, einen Bogen gehen)
- Clicken für situationsangemessenes Verhalten, so z. B. die Abwesenheit von Aggression
- Distanzvergrößerung

Anzeigen eines anderen Hundes

ängstliche Hunde:

- Gehen hinter dem Besitzer
- Gehen auf der dem Reiz abgewandten Seite
- Berühren eines Targets: Wenn ängstliche Hunde nur einen „Ausschnitt", also das Target, sehen, können Sie mehr Nähe ertragen – sie konzentrieren sich dann auf das Target, statt panisch zu werden und können so schrittweise näher an Personen oder Objekte herankommen.
- Gehen am Handtarget
- Personen oder Hunde oder Objekte anzeigen
- Distanzvergrößerung, Bogen gehen
- Futtersuche auf Signal in Distanz

Werden Sie kreativ, es gibt viele Möglichkeiten, unangemessenes Verhalten durch angemessenes Verhalten zu ersetzen. Im Trainingsverlauf kann das Alternativverhalten in der Realität oft erst dann umgesetzt werden, wenn vorher oder parallel am emotionalen Zustand des Hundes gearbeitet wurde.

Alternativverhalten „Fuß gehen mit Blick zum Besitzer“

3.11 Distanzvergrößerung/Distanzverkleinerung

Diese Technik hilft Ihrem Hund dabei, zu lernen, dass er in Situationen, die ihn ängstigen oder die ihn aggressiv machen, auf Ihre Unterstützung zählen kann und nicht in die Situation hinein muss. Er lernt eine Strategie, mit der er selbstständig Situationen kontrollieren und mit Reizen klarkommen kann, ohne verteidigend reagieren zu müssen. Der Einsatz des Verstärkers „Distanz“ wirkt als vertrauensbildende Maßnahme, in der der Hund sozusagen konstruktiv mitarbeiten kann. Ein Ziel ist das initiative Verhalten des Hundes, denn er soll später in der Lage sein, die „richtige“ und konfliktvermeidende Entscheidung zu treffen. Das Verhalten wird daher **ohne** Signalkontrolle [18]trainiert.

Beim Training setzen Sie nach dem Premack-Prinzip (Kapitel 2) gezielt dasjenige Verhalten als Verstärker ein, das Ihr Hund in bestimmten Situationen am liebsten tätigen würde („Verstärker aus der Situation“). Wenn Sie bei der Entscheidung, ob Ihr Hund z.B. zu einem anderen Hund oder einer Person hinmöchte oder lieber mehr

[18] Dies bedeutet, dass Sie kein Signal für dieses Verhalten aufbauen, denn der Hund soll selbstständig reagieren und das Verhalten einfach dann zeigen, wenn er das Bedürfnis z.B. zur Distanzvergrößerung hat.

Distanz haben möchte, zweifeln, lassen Sie sich von Fachleuten bei der Interpretation der Körpersprache helfen.

Zu den zugrundeliegenden *Emotionen* können verschiedene Verhaltensweisen als besonders wichtig herausgestellt werden:

Angst: hier möchte der Hund die Situation verlassen

Wut/Ärger: der Reiz soll die Situation verlassen, muss „vertrieben" werden

Frustration: der Hund möchte näher zum Reiz

Eine Distanzvergrößerung kann bei ängstlichen Hunden und Hunden, die aus Angst aggressiv reagieren, als sinnvoller Verstärker eingesetzt werden (Lerntheorie: negative Verstärkung). Eine Distanzverkleinerung wirkt bei Hunden besonders verstärkend, die aus Frustration sehr aufgeregt reagieren. Allerdings sollte in diesem Fall diese starke „Belohnung" nur eingesetzt werden, wenn der Hund entspannt und ruhig reagiert hat. Die Verringerung des Abstandes erfolgt somit als Belohnung für ruhiges Verhalten.

Die Trainingsmethode sollte immer, aber insbesondere bei Hunden, die ängstlich-aggressiv reagieren, mit „Zeigen und Benennen" aus Kapitel 3.6 kombiniert werden. Sie ist gut geeignet, gerade bei Hund-Hund-Problemen eingesetzt zu werden, da der Abstand gewahrt wird. *Reaktionen gegenüber Personen* sollten immer verhaltenstherapeutisch betreut werden. Wenn eine Gefährdung möglich ist, müssen noch weitere, von Experten zu definierende Bereiche fachlich korrekt trainiert werden! Aus diesem Grunde erfolgt im Weiteren nur eine Beschreibung des Einsatzes für die Hund-Hund-Problematik.

Es ist davon auszugehen, dass ein Hund Drohverhalten zeigt, um einen Kontakt zu verhindern. Beim größten Teil der Hundebegegnungen können Sie also über eine Distanzvergrößerung arbeiten. Auch Hunde, die offensiv aggressiv reagieren und die potentiell bedrohen möchten, sollten *nicht näher* an den anderen Hund herangelassen werden. Die passende Strategie ist eine Vergrößerung des Abstandes.

Merke: Arbeiten Sie zunächst unbedingt eine Zeit lang mit „Zeigen und Benennen", ohne näher an den Reiz zu gehen. Bei stark aggressiven Hunden – egal ob defensiv oder offensiv – sollten Sie *immer* nur unter fachlicher Betreuung arbeiten!

Nach dem gesonderten Training des ruhigen Hinsehens erfolgt im späteren Trainingsverlauf[19] das Lob für den ruhigen Blick zum Reiz. Dann werden ein paar Schritte in die entgegengesetzte Richtung gemacht und in der Entfernung eine Bonusbelohnung gegeben (z.B. Leckerchen, Futter suchen dürfen, Spiel). Im zweiten Schritt wird somit **nach** dem Lob für ruhiges Hinsehen zuerst die Distanz durch Weggehen vergrößert, danach gibt es eine Bonusbelohnung über Futter **in der Distanz**. In dieser Phase kann gut mit dem Clicker gearbeitet werden, denn das Clickgeräusch dringt leichter zum Hund (und in sein emotionales Gedächtnis, siehe auch Kapitel 5.4) vor und auf einen Click erfolgt immer eine Belohnung.

Im dritten Schritt erfolgt die Distanzvergrößerung/-verkleinerung als Belohnung für ein angemessenes Ersatzverhalten des Hundes, ein „Bonus“ ist nicht mehr nötig (STEWART, 2012).

In den einzelnen Trainingsstufen sollte für den Hund deutlich herausgearbeitet werden, dass die Distanzvergrößerung das belohnende Element ist. Den Bonus in Form von schmackhaftem Futter gibt es nur in der Anfangsphase und **nach** der eigentlichen Belohnung „Distanzvergrößerung“. Wenn der Hund bereits verstanden hat, dass er mit seinem eigenen Verhalten Einfluss nehmen und unterhalb seiner Reaktionsschwelle bleiben kann, wird auf ein deeskalierendes Verhalten des Hundes gewartet (z.B. selbstständig vom Reiz wegsehen, schnuppern, abwenden, einen Bogen gehen, zu Ihnen schauen etc.). Dieses Verhalten wird durch Lob markiert, dann wird die Distanz vergrößert. Hier wird die Bonusbelohnung nach der Distanzvergrößerung weggelassen, denn der größere Abstand ist die belohnende Komponente. Diese Trainingsvariante kann erst angewendet werden, wenn Sie sich sicher sind, dass Ihr Hund entsprechendes Verhalten zeigen kann.

Trainertipp: Ab der dritten Trainingsstufe sollte nicht mehr mit dem Clicker gearbeitet werden, denn Sie sollen hier bewusst keine Futterbelohnung einsetzen; Click bedeutet jedoch immer Futter.[20]

Weitere Übungseinheiten beinhalten den engeren Kontakt bzw. das aneinander Vorbeigehen im Alltag.

---

[19] Nach einigen Tagen oder Wochen; je nach Erfolgen

[20] Dies betrifft Personen, die auf den Click immer mit Futter belohnt haben.

Training:

Es können sowohl Trainingssituationen mit eingewiesenen Hilfspersonen und deren Hunden gestellt werden als auch mit Hunden, die in größerer Distanz vorbeigehen. Wichtig ist, immer unterhalb der Reaktionsschwelle zu arbeiten, d.h. Ihr Hund darf noch nicht ins Fehlverhalten gefallen sein bzw. aufgeregt reagieren. Ist Ihr Hund nicht ansprechbar, kann er kein Futter nehmen oder zeigt er unerwünschtes Verhalten, ist die Distanz definitiv zu klein.

Distanzvergrößerung

Vorgehen: Ihr Hund ist zu jedem Zeitpunkt angeleint an lockerer Leine! Bitte halten Sie die Übungssituationen zunächst kurz. Es hat sich gezeigt, dass eine Verlängerung oder häufige Wiederholung viele Hunde zu Beginn irritiert, so dass sie ins Fehlverhalten fallen. Bitte halten Sie immer nur kurze Einheiten ab, die nach und nach etwas länger und mit mehreren Untereinheiten ausgedehnt werden können.

Variante 1 – geeignet für Alltagssituationen, Ihr Hund kann Abstand halten:

Ruhiges Hinsehen loben, ein paar Schritte nach hinten (weg vom Auslösereiz) gehen, in der Entfernung als Bonus ein Leckerchen geben. Wieder hinsehen lassen, loben, wenn ruhig, Abstand vergrößern, Bonusbelohnung etc. Zwischen den einzelnen Einheiten können auch ein oder zwei Schritte in die Richtung des Reizes gemacht werden, um dann nach ruhigem Verhalten zu loben, den Abstand zu vergrößern und erneut den „Bonus" zu geben. Beginnen Sie in einem solchen Abstand, dass keine unangemessene Reaktion stattfindet.

Falls Ihr Hund knurrt oder bellt, brechen Sie die Situation ab, rufen Ihren Hund ab (Blitzwendung) und starten in größerem Abstand neu.

Variante 2 – geeignet für Situationen mit eingewiesenem Hund-Halter-Team als Helfer:

Der Übungsaufbau entspricht größtenteils Variante 1, aber nach dem Lob für das ruhige Hinsehen soll der Helfer sich mit seinem Hund entfernen (zwei bis drei Schritte). Die Belohnung, die ja in der ersten Zeit unterstützen soll, gibt es für das Wegsehen vom Helfer und Hund, aber erst nach dem Lob und nach der Entfernung des Helfers und seinem Hund. Erneute Annäherung, dann wie beschrieben.

Diese Variante hat den Nachteil, dass Sie Hilfspersonen organisieren müssen. Sie ist geeignet, um das Konzept der Distanzvergrößerung in kontrollierten Trainingseinheiten deutlich zu machen, entspricht aber selten realen Verhältnissen.[21]

Trainertipp: Suchen Sie Gebiete für das Training von Variante 1 und Variante 2 aus, in denen ausreichend Platz für die Distanzvergrößerung vorhanden ist – es kann sein, dass Sie weiter entfernt beginnen müssen als gedacht!

Auch hier gilt: bei Grollen, Knurren oder Bellen abbrechen, wegrufen und in einem größeren Abstand neu starten. *Vorsicht*, wenn Ihr Hund knurrt oder bellt, sollte der Helfer mit seinem Hund *unbedingt* in Sicht bleiben, wenn Ihr Hund aus der Situation gebracht wird. Würde der Helfer und sein Hund gehen, würde dies das Fehlverhalten verstärken.

---

[21] Im Alltag kommen Reize meist weiter auf den Hund zu.

Verwendete Literatur:

Dennison, P. S. (2005): How to right a dog gone wrong. Alpine Blue Ribbon Books, Colorado

Gröning, P., Ulrich, A. (2009): Antijagdtraining. Wie man Hunde vom Jagen abhält. MenschHund!Verlag, Zossen

Haug, L.I. (2008): Canine Aggression Toward Unfamiliar People and Dogs. Vet Clin Small Anim 38; 2008; 1023-1041

Lindsay, S.R. (2005): Handbook of Applied Dog Behavior and Training, Vol 3. Wiley Blackwell

Maercker, A.(2009): Operante Verfahren. In: Margraf, Schneider (Hrsg.): Lehrbuch der Verhaltenstherapie, 3. Auflage, Springer Verlag, Hamburg; 669-678

McConnell, P. B., PHD (2009): Feisty fido: Help for the Leash-Reactive Dog. McConnell Publishing, Ltd.; 2nd Edition

McConell, P., Silvani, P. (2010): On-Leash Reactivity to Other Dogs. The APDT Chronicle of the Dog. November / December 2010; 16-19

McDevitt, L. (2007): Control Unleashed. Creating a Focused and Confident Dog. Clean Run Productions LLC, South Hadley, MA

O´Heare, J. (2007): Dog Aggression Workbook. Dogwise Publishing, Wenatchee, Washington

Overall, K.L. (2013): Manual of Clinical Behavioral Medicine for Dogs and Cats. Elsevier, St. Louis, MO

Parsons, E. (2005): Click to Calm – Healing the Aggressive Dog. Sunshine Books Inc., Waltham

Pryor, K. (2009): Reaching the Animal Mind – Clicker Training and What It Teaches Us about All Animals. Simon & Schuster Inc. New York

Schalke, E., Del Amo, C., Jones-Baade, R. (2008): Vortragszusammenfassung Verhaltenstherapie Modul II Lernverhalten; Akademie für Tierärztliche Fortbildung, Hannover

Schöning, B. (2011): im Rahmen des Seminars „Verhaltenstherapie beim Hund“, Hamburg, 2011

Schoppe, M. (2012): “Zeigen und Benennen” – Wie Vokabellernen die Kommunikation verbessert. Hundedenken – Markertraining. http://markertraining.de/zeigen-und-benennen-wie-vokabellernen-die-kommunikation-verbessert/

Scully, M. (2011): Using Control Unleashed for Dog-Dog Aggression. The APDT Chronicle of the Dog. May/June 2011; 47 - 50

Scully, M. (2011): Using Control Unleashed for Dog-Dog Aggression. “Look at that”. The APDT Chronicle of the Dog. July/August 2011; 54 - 58

Sdao, K. (2006): Cujo meets Pavlov. Classical Conditioning for On-Leash Aggression. DVD Tawzer Dog Videos

Stewart, G. (2012): Behavior Adjustment Training, Dogwise Publishing, Wenatchee, Washington

Theby, V. (2011): Verstärker verstehen. Kynos Verlag, Nerdlen.

Yamasue H., Yee, J.R. et al (2012): Integrative Approaches Utilizing Oxytocin to Enhance Prosocial Behavior: From Animal and Human Social Behavior to Autistic Social Dysfunction. The Journal of Neuroscience, 10 October 2012, 32(41):14109-14117a.

4. Die Einstellung des Hundehalters – Voraussetzungen für die Arbeit am Problemverhalten

In diesem Kapitel möchte ich Ihnen erklären, wie eine gute Bindung zwischen Hund und Mensch zustande kommt und wie das Zusammenleben mit Ihrem Hund für Sie und für den Hund erfüllend gestaltet werden kann – auch wenn der Hund Probleme macht.

Ich möchte Ihnen ein paar Übungen ans Herz legen, mit denen Sie auch unangenehme Situationen souverän meistern können.

In den letzten zwei Jahrzehnten hat sich im Hinblick auf den Vergleich Wolf – Hund sehr viel Neues ergeben. Heutzutage ist hinreichend bekannt, dass das „Dominanzkonzept" bzw. die „Rudeltheorie" durch fehlerhafte Beobachtungen an Wölfen in Gefangenschaft begründet war. Trotz einer genetischen Übereinstimmung von 99,96% kann nicht ohne Weiteres vom Verhalten eines Wolfes auf den Hund geschlossen werden. Außerdem ist die ursprüngliche „Dominanztheorie" auch für Wölfe mittlerweile widerlegt und sie ist schon gar nicht ohne Weiteres auf den Haushund zu übertragen.

→ Wölfe beginnen z. B. ca. 2 Wochen früher als Hunde, ihre Umgebung zu erkunden – zunächst v.a. über die Nase, da sie blind und taub sind.

Hunde sind keine Wölfe mehr, sondern an das Zusammenleben mit dem Menschen angepasst – mit Wölfen ist das in dieser Form nicht denkbar. John Bradshaw schreibt in seinem Buch „Hundeverstand" (Kynos Verlag, 2011) sehr schön: „Meiner Meinung nach liegt der Schlüssel zum Verständnis des Haushundes zunächst einmal im Verständnis des Haushundes". Und „Wir sollten den Hund als eigenständiges Tier analysieren und nicht als einen unbedeutenden Ableger des Wolfes".

Insbesondere David Mech hat bezüglich des Verhaltens und der Gruppenstruktur freilebender Wölfe intensive Forschung betrieben und konnte das veraltete Konzept widerlegen.

Mittlerweile wird angenommen, dass die Abspaltung des Hundes vom Wolf vornehmlich durch den Futterwechsel begründet war.

Axelsson et.al. (2013) haben zusätzlich entdeckt, dass es auch in Genen zu Veränderungen kam, die für die Entwicklung des Nervensystems zuständig sind, aber auch

Gehirnfunktionen steuern. Dies könnte begründen, weshalb Hunde sich anders verhalten als Wölfe.

Die Übertragung des „Dominanzgedankens“ und der „Rudelstrukturen“ aus den frühen Studien auf unsere heutige Haushundehaltung ist nicht mehr tragbar. Seit mehr als fünfzig Jahren geistert dieses Konzept immer noch durch die Hundewelt und hat dafür gesorgt, dass mitunter gewaltsam mit Hunden umgegangen wurde. All dies sollte heutzutage nicht mehr vorkommen, denn wir wissen es jetzt besser!

Dominanz ist keine erbliche Eigenschaft, kein Hund ist also von Geburt an „dominant“. „Dominanz“ ist keine Charaktereigenschaft, sondern beschreibt eine Beziehung zwischen zwei Individuen. Eine Beziehung zwischen zwei Partnern muss sich immer erst entwickeln und die Dominanzverhältnisse zwischen Individuen sind nicht in Stein gemeißelt, sondern immer zeit- und situationsabhängig.

Vielleicht haben Sie schon gehört, dass das ranghöchste Tier in einer sozialen Gruppe einer Art nicht dasjenige ist, welches das höchste Aggressionspotential hat und sich stets körperlich durchsetzt, also am aggressivsten ist. Die Realität sieht ganz anders aus, das ranghöchste Tier zeigt einen besonders ausgeglichenen, ruhigen und sicheren Charakter und muss nur äußerst selten seine „Zähne“ einsetzen. Es nutzt seine Körpersprache und viel subtilere Hinweise, statt sofort körperliche Bedrohungen oder gar Angriffe einzusetzen. Auf die subtilen Hinweise reagieren die anderen Gruppenmitglieder sofort. Es ist souverän, entspannt, geduldig und hat besonders ausgeprägte soziale Fähigkeiten.

Einem unberechenbaren, gewalttätigen Tyrannen würde wohl niemand freiwillig folgen.

Eine gute Führungspersönlichkeit ist auch unter Menschen wohlwollend und vertrauenswürdig – überlegen Sie doch bitte einmal, welcher Chef Ihnen lieber wäre: derjenige, der freundlich und souverän ist, der Ihnen Sicherheit vermittelt und für den Sie gerne arbeiten, weil er Sie unterstützt und geduldig ist, oder der Chef, der Sie drangsaliert und schikaniert, der Sie anschreit, dass Sie nur alles falsch machen würden, Ihnen aber keinerlei Hinweise gibt, was richtig wäre? Welchen Chef würden Sie wählen? Wen würden Sie mehr respektieren und schätzen? Bei welchem würden Sie die bessere Leistung erbringen, vielleicht sogar freiwillig?

Eine neue Studie besagt, dass Hunde Ihre Besitzer ähnlich wie dreijährige Kinder als „Ersatzeltern“ ansehen und Sicherheit sowie Feedback bei diesen suchen. Der oder die spezielle(n) Mensch(en), zu welchem(n) der Hund eine Bindung aufgebaut hat, wirkt/wirken wie ein Sicherheitsfaktor beim Erkunden der Umwelt.

Hunde brauchen uns Menschen und sind nicht stets nur „dominant" und bösartig. Vor allem lieben Hunde ein klares, souveränes und gütiges Leitbild, an dem sie sich orientieren können. Kein Hund will die Weltherrschaft an sich reißen und versucht zu jeder Gelegenheit, den Hundehalter auszutricksen, zu verärgern und „vom Thron zu stoßen". All dies ist übrigens unabhängig davon, ob der Hund zuerst durch die Türe geht oder zuerst frisst, ja sogar unabhängig davon, ob er mal auf dem Sofa liegt oder nicht.

Wenn ein Hund Probleme macht, so sollte zunächst sein Alltag und die vom Besitzer investierte Arbeit angesehen werden: Wurde dem Hund überhaupt beigebracht, sich „höflich" und ruhig zu verhalten, ist er ausreichend ausgelastet? Wurde ihm beigebracht, für Dinge, die ihm wichtig sind, mit dem Besitzer zusammenzuarbeiten? Weiß der Hundehalter, was seinem Hund wichtig ist? Hat er sich Zeit genommen, dem Hund die entsprechenden Verhaltensweisen so beizubringen, dass sie auch in kritischen Situationen abrufbar sind? Hatte der Hund eine Chance, das richtige Verhalten zu zeigen und wurde ihm gesagt, dass dies sich auszahlt? Oder wurde nur das Fehlverhalten bestraft? Wie wurde der Hund trainiert?

Ein fordernder und unhöflicher Hund, aber auch ein Hund, der auf bestimmte Reize unangemessen reagiert, ist oft ein Anzeichen dafür, dass erwünschtes Verhalten nicht ausreichend genug trainiert wurde. Dass nicht überlegt wurde, was stattdessen angemessen wäre, welche Umweltfaktoren mit in das Training eingebaut werden sollten und dass keine Managementmaßnahmen ergriffen wurden. Was soll der Hund stattdessen tun und wie soll das erwünschte Verhalten aussehen? Wie bringe ich dies dem Hund am besten bei? Fragen, die sich verantwortungsbewusste Hundehalter unbedingt stellen sollten.

Und gerade ein Hund, der problematische Verhaltensweisen zeigt, benötigt einen geduldigen und freundlichen „Helfer", der ihm richtiges Verhalten beibringt.

4.1 Emotionen bei Hunden

Die Wissenschaft hat bestätigt, dass Tiere/Hunde zu den so genannten „primären Emotionen" in der Lage sind: Freude, Wut, Angst und Furcht, aber auch das Empfinden von Schmerzen, Durst, Hunger und sexuell motivierten Gefühlen. Die primären Emotionen sind aus evolutionsbiologischer Sicht für das Überleben notwendig und ermöglichen dem Tier eine Anpassung an soziale und Umweltgegebenheiten. Keiner von uns Hundebesitzern würde abstreiten, dass sein Hund Angst empfindet oder Freude zeigen kann. Die genaueren Untersuchungen zu primären Emotionen fanden ab den frühen Neunzigern statt, bis jetzt gibt es zahlreiche Veröffentlichungen zu diesem Thema.

Aktuell findet sehr viel Forschung im Bereich der Kognition bei Tieren statt, hier werden in naher Zukunft bestimmt interessante neue Erkenntnisse auf uns zukommen. Diese Untersuchungen sind sehr begrüßenswert. Es bleibt zu hoffen, dass die Ergebnisse für verbesserte Lebensbedingungen bei allen von Menschen gehaltenen Tierarten, also auch und gerade bei Nutztieren, sorgen werden! Diesen werden selbst „primäre" Emotionen wie Schmerz oder Angst leider oft abgesprochen.

„Sekundäre Emotionen" wie Neid, Stolz, Schuld, Kummer, Scham und Verzweiflung sind bei Tieren nur schwierig direkt und genau zu beobachten, zu messen und entsprechend nachzuweisen. Sie sind definiert als sekundäre Reaktion auf eine grundlegende Emotion bzw. eine Emotion über eine Emotion oder eine emotionale Reaktion auf eigene Gedanken.

Um „sekundäre" Emotionen empfinden zu können, benötigen Tiere ein gewisses Maß an „Selbstbewusstsein", Selbstwahrnehmung und eine größere kognitive Komplexität. Diese Dinge würden wir Hundehalter nicht ausschließen, sie sind allerdings zum aktuellen Zeitpunkt noch nicht schwarz auf weiß erwiesen.

Für uns Menschen sind „sekundäre" Emotionen sozusagen ein Kinderspiel. Wir sind mit einer hoch leistungsfähigen Großhirnrinde ausgestattet, so dass wir unsere Gefühle nicht nur wahrnehmen, sondern auch im Nachhinein betrachten, bewerten und erklären können. Erkenntnisse weisen darauf hin, dass Emotionen für Tiere vor allem in der Gegenwart von Bedeutung sind, aber eher nicht im menschlichen Maße im Nachhinein analysiert und reflektiert werden können.

Unsere Hunde sind also fühlende Wesen, die im Moment, im „Hier und Jetzt" leben; deshalb sollten wir als verantwortungsvolle Hundehalter Rücksicht darauf nehmen.

Kein Hund kann sich aussuchen, in welchen Haushalt er aufgenommen wird, aber wir sind nach dem Tierschutzgesetz und den zugehörigen Verordnungen dazu verpflichtet, Hunde ihren Bedürfnissen entsprechend so zu halten, dass keine Schmerzen, Leiden oder Schäden daraus resultieren. Hierzu gehören auch psychische Schäden!

4.2 Freundlichkeit und Geduld

Jeder Hund wünscht sich einen freundlichen und geduldigen Menschen. Deshalb bleiben Sie stets freundlich (oder zumindest neutral) und geduldig, denn Ihr Hund ist auf Sie angewiesen, er hat keine Wahl. Wenn Probleme auftauchen, ist es wichtig, dass Sie nicht nur immerzu versuchen, Grenzen einzuhalten. Sie sollten diese Grenzen über die Handlungsspielräume und vor allem über den Aufbau und die Festigung angemessener Verhaltensweisen setzen. Das kann problemlos freundlich und liebevoll erfolgen.

Kultivieren Sie „richtiges" Verhalten über positive Verstärkung, verbessern und verfeinern Sie, festigen Sie diese Verhaltensweisen, nutzen Sie kluge Managementmaßnahmen, statt Grenzen über körperliche Bedrohungen oder gar Handgreiflichkeiten zu setzen. Sorgen Sie freundlich und entspannt dafür, dass es gar nicht nötig wird, situative „Kontrollmaßnahmen" einsetzen zu müssen. Verhindern Sie eine Verstärkung unangemessenen Verhaltens.

Wenn Sie ganz traditionell „Grenzen setzen", so hemmen Sie schlicht ein Verhalten. Sie ermöglichen jedoch nicht, dass Ihr Hund in der nächsten, ähnlichen Situation ein angemessenes Verhalten zeigen kann. Bevor Sie also eine „Grenze setzen", sollten Sie zunächst definiert und gefördert haben, was im jeweiligen Handlungsspielraum angemessen ist. Alles andere ist auch aus menschlicher Sicht schlicht unfair.

Häufiges, angepasstes und schrittweises freundliches Training zahlt sich immer aus, ein Hundeleben lang! Es werden immer Phasen kommen, in denen Ihre Geduld auf die Probe gestellt wird. Halten Sie durch! Manchmal stellen sich Trainingserfolge nur langsam ein, gerade, wenn der Mensch wenig Zeit findet, zu trainieren. Manchmal werden Fehler gemacht, manchmal hat der Hund oder der Mensch schlicht eine schlechte Phase.

Tief durchatmen, nachdenken, Situation oder Umstände verändern und neu starten – das ist sowohl innerhalb kurzer Zeiträume, aber auch längerfristig möglich.

Merke: Jeder Trainingsmoment und jeder noch so kleine Schritt wird sich auf jeden Fall bezahlt machen.

Trainertipp: Festigen Sie einen großen Teil der erwünschten Verhaltensalternativen so, dass sie zu „Standardverhaltensweisen" werden, d.h. Ihr Hund zeigt diese angemessenen Aktionen überwiegend ohne Signal von Ihnen. Er erhält Informationen von seiner Umwelt und kann situationsangepasst mit erwünschtem Verhalten reagieren (Loben bitte nicht vergessen!). Ihr Hund denkt nach und denkt mit! Natürlich kann es nötig werden, dass Sie das entsprechende Signalwort einsetzen müssen, um Situationen zu managen, aber insgesamt sollte Ihr Hund größtenteils in der Lage sein, das erlernte Verhalten anhand situativer Gegebenheiten zu zeigen und nicht nur auf Ihr Signal hin: z. B. das Absitzen oder Stoppen am Straßenrand, das Sitzen oder ruhige Stehen in Begrüßungssituationen mit Passanten im Alltag etc. Lassen Sie die Umgebung für sich arbeiten und etablieren Sie Standardverhalten in bestimmten Situationen. Sie sollten das erwünschte Verhalten vorher in entsprechenden Situationen aufgebaut haben.

Merke: Hunde bieten „Standardverhaltensweisen" nach einiger Zeit selbstständig an, wenn Sie vorher häufig dafür belohnt wurden. Auslöser sind bestimmte Umgebungen oder Situationen, die gezielt mit in das Training eingebaut wurden.

4.3 Konsequenz

Der Begriff Konsequenz führt leider schnell zu einer Assoziation mit körperlicher und/oder geistiger Strenge und Durchsetzungsvermögen.

Sie müssen nicht strafen oder drohen und „knallhart" sein, um sich durchsetzen zu können, denn dies führt beim Hund zur Verhaltenshemmung! Vielmehr bedeutet konsequentes Verhalten des Menschen, klare und eindeutige Hinweise zu geben, damit der Hund richtiges Verhalten zeigen kann. Mit klar und eindeutig ist wiederum gemeint, dass Signale und Regeln, die aufgestellt wurden, auch so beibehalten werden. Dies gibt Ihrem Hund Sicherheit.

Stellen Sie sich vor, Sie erlernen eine Fremdsprache und ständig ändert sich die Bedeutung einer Vokabel, Sie benötigen diese Vokabeln jedoch zum Überleben. Ich wage zu vermuten, dass Ihre Nerven innerhalb kürzester Zeit blank liegen würden.

Wenn Sie Signale geben, Handlungsräume definieren, Regeln aufstellen, Standardverhalten etablieren und dieses einüben, sollten sowohl die Signale als auch die Situationen und vor allem Ihr Verhalten stets in gleicher Form vorhanden sein. Nur so kann Ihr Hund situationsangepasst und erwünscht reagieren!

Insbesondere das menschliche Verhalten schwankt sehr: Je nach Stimmungslage, Situation oder Umständen verhält man sich unterschiedlich und gibt beispielsweise in der Aufregung andere Signale oder die Signale in einem anderen Tonfall. Hunde prägen sich vor allem den Klang eines Signals ein – ein aufgeregter Mensch klingt oft anders als ein ruhig im Wohnzimmer übender Mensch. Ihnen sollte bewusst sein, dass in solchen Fällen nicht der Hund für ein Nichtbefolgen von Kommandos oder für das Nichtausführen verantwortlich gemacht werden kann.

Versuchen Sie, durch Ihr Verhalten und die Nutzung der vorher aufgebauten Signale oder Rahmenbedingungen für Ihren Hund eine verlässliche Konstante zu bleiben und Ihrem Hund durch Ihr Verhalten einen „sicheren Hafen“ zu bieten. Geben Sie immer Feedback, wenn Ihr Hund Sie „fragt“, achten Sie auf Blicke, auf Gesten, auf Rückorientierung.

All dies stellt eine gesunde Basis für eine gute Bindung dar!

Durch konsequentes Verhalten (z.B. Ausweichen bei Engstellen) dienen Sie Ihrem Hund als sicheres Leitbild.

4.4 Klare und eindeutige Kommunikation (Ja-Nein-Kommunikation)

Was bedeutet klar und eindeutig? Aus Hundesicht ist es ganz einfach: richtiges, angemessenes Verhalten zahlt sich aus, falsches Verhalten ist entweder nicht möglich oder wird nicht honoriert, nicht einmal mit negativer Aufmerksamkeit.

Verhalten ist für Hunde schlicht ein „Werkzeug“, um Konsequenzen zu erzeugen. Ein Hund ist immer an den Folgen seines Verhaltens interessiert. Wenn positive Emotionen hinzukommen und Verhalten sich auszahlt, so wird der Hund dieses Verhalten häufiger zeigen. Verhaltensweisen hingegen, die nicht zu Erfolgen oder Reaktionen führen, werden von Hunden kurzerhand oder zumindest nach einiger Zeit eingestellt. Sie wären schlichtweg ineffizient und somit reine Energieverschwendung. Hunde handeln hier sehr ökonomisch.

Um Klarheit in die Kommunikation mit Ihrem Hund zu bringen, verfahren Sie so, dass Sie so viele „richtige“ Verhaltensweisen wie möglich wahrnehmen und bestätigen, für unangemessenes Verhalten hingegen sollten Sie durch geeignete Managementmaßnahmen eine Verstärkung verhindern oder im akuten Fall keine (auch keine negative) Aufmerksamkeit schenken.

Leider neigen wir Menschen gerne dazu, insbesondere unangenehme oder unerwünschte Verhaltensweisen stärker wahrzunehmen als angemessenes Verhalten. Dieser Punkt sollte genau umgekehrt sein.

Merke: Immer, wenn ein Verhalten eine Konsequenz oder Reaktion erzeugt, wird es verstärkt. Dies gilt auch für Schimpfen oder Strafen als Konsequenz.

Vorgehen:

Richtiges Verhalten wahrnehmen und loben: Versuchen Sie einfach, einen Teil der Futterration nicht aus dem Napf zu verabreichen, sondern benutzen Sie diesen Teil, um Ihren Hund häufig mit kleinen Futterstückchen für richtiges Verhalten zu belohnen. Dies kann ein ruhiges Warten sein, ein Liegen auf dem Platz, ein Begrüßen ohne Hochspringen, ein freundliches Verhalten gegenüber einem anderen Hund etc. Insbesondere ruhiges Verhalten, das Selbstkontrolle beinhaltet, ist es wert, wahrgenommen und verstärkt zu werden.

Anfangs müssen Sie sich vielleicht ein wenig konzentrieren, allerdings wird sich schon bald Ihre Sichtweise ändern und Sie werden sehr viele verstärkenswerte

Verhaltensweisen bemerken. Gleichzeitig werden Sie feststellen, dass Ihr Hund nach kurzer Zeit immer weniger Verhaltensweisen zeigt, die Sie vormals als störend erachtet haben. Insbesondere wenn Sie bestimmte Umgebungsreize (z. B. Haustüre, Straßenrand) oder Situationen (z. B. Begrüßungssituationen, Anblick eines anderen Hundes) mit ins Training einbauen, wird Ihr Hund Anhaltspunkte erhalten und entsprechend richtig reagieren. Dann können Sie die angemessene Reaktion verstärken.

Verstärkung für unangemessenes Verhalten durch geeignete Managementmaßnahmen verhindern: Ein Beispiel wäre, den Hund, der jeden Passanten am Gartenzaun verbellt, nicht mehr unbeaufsichtigt im Garten zu lassen, sondern mit dem gezielten Training angemessenen Verhaltens zu beginnen.

Weitere Einsatzmöglichkeiten:

- den Hund, der auf jedes Geräusch im Treppenhaus reagiert, von dem Bereich, in dem er Wache hält, fernhalten und die Geräusche evtl. durch schweren Stoff dämmen
- dem Hund, der Schuhe zernagt, keinen Zugang zu Schuhen geben

Das Ziel sollte sein, bei unerwünschtem Verhalten nicht immer nur zu schimpfen, sondern gezielt an besserem Verhalten zu arbeiten.

Akut auftretendes unangemessenes Verhalten sollte keine Reaktion bei Ihnen erzeugen. Keine Reaktion bedeutet, dass Sie weder schimpfen, noch ablenken, noch hinsehen, noch hinfassen, den Hund ansprechen oder anderweitig reagieren. Wenn es Ihnen sehr schwerfällt, nicht zu reagieren, wenden Sie sich einfach ab oder gehen ein paar Schritte weg. Sie werden sehr schnell bemerken, dass Ihr Hund Ihnen nachkommt. Jetzt können Sie versuchen, besseres Verhalten auszulösen.

Pamela Dennison gibt eine gute Anleitung: Wenn Ihr Hund eine unangemessene Verhaltensweise zeigt, brechen Sie ab, schaffen Sie räumlich und zeitlich ein wenig Distanz, danach fordern Sie drei verschiedene Kommandos oder Verhaltensweisen, wie z. B. Sitz, Platz und einen Blick. Befolgt Ihr Hund diese Signale, so können Sie wieder belohnen. Jetzt haben Sie das, was Ihr Hund zeigen soll: eine auf Sie gerichtete Aufmerksamkeit.

4.5 Souveränität

Woran es uns Menschen häufig mangelt, ist ein souveränes Auftreten, an dem sich der Hund orientieren kann. Meist werden wir ebenso aufgeregt und unsicher wie unsere Hunde, wenn wir mit unangenehmen Situationen konfrontiert sind. Gerade Verhaltensweisen, die nicht dem Bild eines freundlichen Begleithundes entsprechen und von unseren Hunden in der Öffentlichkeit gezeigt werden, führen zu großer Aufregung beim Besitzer. Es ist uns schlichtweg peinlich. In solchen Situation stacheln sich Hund und Halter geradezu gegenseitig auf.

Hilfreich für Sie sind folgende Übungen:

Atmen!

Erster wichtiger Hinweis für Schrecksituationen: Atmen Sie aus! Meist wird vor Aufregung die Luft angehalten; Ihr Hund macht es oft genau gleich. Also atmen Sie aus und setzen Sie danach die Bauchatmung ein.

Üben und trainieren Sie bewusstes Atmen in die Bauchregion. In Schrecksituationen neigen wir Menschen dazu, sehr schnell und aufgeregt nur im Brustraum zu atmen. Besser ist es, für die Entspannung und Konzentration tief in den Bauch zu atmen, so dass sich tatsächlich nicht der Brustkorb, sondern eher die Nabelregion hebt. Dies kann ganz gezielt geübt werden.

Durch dieses tiefe Atmen in den Bauch stimulieren Sie den Solarplexus, das Nervengeflecht im Bauch, das vom Vagusnerv (der Anteil des Autonomen Nervensystems, der für Entspannung zuständig ist) gesteuert und versorgt wird. Hierdurch können Sie in stressbehafteten Situationen rasch wieder konzentriert und ruhig handeln.

Dadurch ist Ihrem Hund sehr geholfen, denn Sie bleiben entspannt und er kann sich an Ihnen orientieren. Im entgegengesetzten Fall wird er durch Ihre Aufregung erst recht alarmiert.

Üben Sie mindestens einmal täglich, legen Sie sich hierzu auf den Rücken und konzentrieren Sie sich auf die Atmung mit der Unterstützung der Muskulatur im Bauchraum. Während Ihrer Übungen können Sie sich auch Situationen vorstellen, die Sie in Aufregung versetzen, und die Anspannung weg atmen.

Besitzer ist aufgeregt – tolle Dinge passieren!

Trainieren Sie ganz gezielt, Ihre Aufregung und Schreckmomente als etwas Angenehmes für Ihren Hund aufzubauen.

Für die Übungen bereiten Sie einige schmackhafte Leckerbissen vor. Setzen Sie sich aufs Sofa, später können Sie die Übungen auch während des Stehens und Gehens absolvieren. Zunächst sollten Sie in einer ablenkungsarmen Umgebung arbeiten, auch hier können nach und nach mehr Aufregung und andere Umgebungen mit eingebaut werden.

Sie sitzen, mit Leckereien bewaffnet, auf dem Sofa, Ihr Hund ist anwesend. Atmen Sie aufgeregt ein oder rufen Sie möglichst realistisch und angespannt „Oh nein!". Sobald Ihr Hund auf Sie achtet, geben Sie ein Futterstück. Wiederholen Sie diese Übungen und steigern Sie nach und nach die Ablenkung oder wechseln Sie die Orte.

Diese Übungen können gut vor der Fütterungszeit absolviert werden, Sie können Teile der Mahlzeit hierfür verwenden.

Durch die „Schreck-Übungen" trainieren Sie Ihren Hund ganz gezielt darin, sich direkt Ihnen zuzuwenden, sobald Sie sich aufregen oder anspannen – der Hund hat gelernt, dass jetzt gleich etwas Gutes passiert. Für Sie ist diese Reaktion von großem Vorteil, denn einerseits wendet sich Ihr Hund vom Reiz ab und Ihnen zu, andererseits können Sie auch tatsächlich einmal erschrecken oder aufgeregt sein, ohne dass Ihr Hund sofort falsche Assoziationen herstellt.

Souverän gehen

Kommt uns der „Todfeind" unseres Hundes entgegen oder biegt der Nachbar, den Ihr Hund so fürchtet, gerade um die Ecke, dann können wir Menschen oft angesichts dieser Aufregung nicht mehr besonders gelassen reagieren. Gerade hier braucht Ihr Hund jedoch dringend ein souveränes Leitbild, das Sicherheit ausstrahlt. Leichter gesagt als getan. Aber es gibt auch hierfür eine tolle Übung, die sehr hilfreich sein kann. Sie wird mit den obigen Übungen kombiniert.

Wenn wir nicht mehr souverän handeln können, so sollten wir für unsere Hunde trotzdem so aussehen, als wären wir selbstsicher und gelassen. *Anmerkung:* Natürlich kann Ihr Hund aufgrund seiner hochentwickelten Fähigkeiten im Lesen von Körpersprache erkennen, dass Sie nicht locker und entspannt durch die Situation gehen, aber wenn Sie vorangehen und scheinbar unbeeindruckt bleiben, so wird er Ihnen besser folgen können.

Trainertipp: Es gibt immer individuelle Unterschiede, aber ich halte es für wesentlich angebrachter, vor kritischen Situationen oder beim Auftauchen eines unangenehmen Reizes weiterzugehen, statt den Hund ins Sitzen zu bringen. In „Gefahrensituationen" schütten Mensch und Hund Adrenalin aus. Adrenalin sorgt dafür, den Körper auf die Flucht vorzubereiten. Wenn Sie stehenbleiben oder Ihren Hund in eine statische Position bringen, um abzuwarten, bis der Reiz weg ist, so kann dies zu „explosionsartigen" Reaktionen führen. Zudem kann es für den entgegenkommenden Hund bzw. Menschen provokant wirken. Besser ist es, im Bogen am Reiz vorbeizugehen oder abzubiegen. Für ängstliche Hunde empfehle ich dem Menschen, zwischen Hund und Reiz zu laufen.

Merke: Im Notfall sollten Sie besser gehen, statt stehenzubleiben! Zur Not können Sie AUS der Situation gehen. Nicht nur grübeln und abwarten!

Gehen, aber souverän

Übung:

Zur Übung, die Sie zunächst häufig ohne Auslösereize selbst verinnerlichen müssen, sollten Sie sich einen Fixpunkt in einer gewissen Entfernung suchen. Dies kann ein Busch sein, ein Zaunpfahl, eine Blume oder was Sie sonst noch optisch Auffälliges entdecken. Der Fixpunkt sollte für die ersten Übungen ca. 20 Meter entfernt liegen. Nachdem Sie einen geeigneten Anhaltspunkt gefunden haben, versuchen Sie nun, Ihren Hund mit so viel Hilfe wie unbedingt nötig, aber so wenigen Signalen wie möglich, zu diesem Fixpunkt zu führen. Währenddessen sollten Sie z.B. das Alphabet rückwärts aufsagen oder Ihre Schritte zählen, statt Ihren Hund ständig zu „bitten", mit Ihnen zu kommen. Konzentrieren Sie sich auf den Fixpunkt, zählen Sie Ihre Schritte oder denken Sie an ein Gedicht, rechnen Sie Kopfrechenaufgaben und „führen" Sie Ihren Hund. Üben Sie das „Wollen", also ein Ziel zu suchen und zu diesem zu gehen und dies auch auszustrahlen. Schultern zurück, atmen und gehen. Wiederholen Sie diese Übung, so oft es geht, sie ist sehr wichtig!

Hört sich das komisch für Sie an? Diese Übung ist äußerst effektiv, denn Sie wirken hierdurch sehr zielgerichtet und konzentriert, Sie strahlen Willenskraft aus. Für Ihren Hund ist es angenehm, denn Sie wissen scheinbar, was Sie wollen, und er kann sich entspannt daran beteiligen.

Wie wirken wir normalerweise in aufregenden Situationen? Wir zögern, wir sehen auf den Hund, wir sehen auf den Auslösereiz, wir bleiben stehen, wir atmen hektisch, wir nehmen die Leine kurz und spannen sie. Auf unsere Hunde wirkt es so, als müssten Sie die Kontrolle über die Situation erlangen und das „böse Monster" vertreiben. Durch die obige Übung wirken wir viel souveräner.

Üben Sie mindestens zwei- bis dreimal täglich. Diese Übung muss oft wiederholt werden, damit Sie im Ernstfall auch entsprechend reagieren können.

Merke: Bei allen Übungen sollte die Leine immer locker gelassen werden! Vermeiden Sie, sofern möglich, jegliche Leinenspannung. Verfahren Sie so, als wäre die Leine gar nicht vorhanden!

Selbstverständlich sollten Sie Ihren Hund nicht an lockerer Leine in Gefahrensituationen rennen lassen, aber versuchen Sie doch beim nächsten Mal in sicherer Entfernung, die Leine in aufregenden Situationen einmal bewusst locker zu lassen. Sie werden feststellen, dass sich Ihr Hund bei lockerer Leine viel eher an Ihnen orientiert. Er wird „nachfragen", er wird sich umsehen nach Ihnen, denn der Signalreiz „gespannte Leine – nach vorne zerren" fehlt (Oppositionsreflex). Es ist einen Versuch wert und wenn es funktioniert, sollten Sie bewusst immer lockern, aber das Ende gut festhalten! Achten Sie auf einen Sicherheitsabstand.

4.6 Gelassenheit

Gelassenheit – etwas, das vielen Menschen fehlt. Sie sollte unbedingt geübt werden, denn der Beziehung zu Ihrem Hund ist es sehr zuträglich, wenn Sie unangenehme Erlebnisse nicht ständig mit sich herumtragen.

Bei ängstlichen Hunden ist das entgegengebrachte Verständnis der Mitmenschen oft groß, aber bei Hunden, die Aggressionsverhalten zeigen oder sich unangemessen in der Öffentlichkeit benehmen, bekommt man als Hundebesitzer oft unhöfliche oder unverschämte Kommentare zu hören. „Sie sollten mal in die Hundeschule gehen" oder „so ein Köter gehört ins Tierheim" sind noch die harmloseren Varianten.

Ich persönlich verfahre meistens so, dass ich nicht reagiere und einfach weitergehe. Natürlich liegen mir währenddessen zahlreiche Erwiderungen auf den Lippen, aber glauben Sie mir, es lohnt sich nicht, darauf anzuspringen.

Als Tierärztin und Hundetrainerin kann ich Ihnen sagen, dass die meisten Hunde irgendwelche Problembereiche haben.

Ebenso ist es mit den Menschen: Diejenigen, die es nötig haben, das Verhalten von Mitmenschen oder deren Hunden zu kommentieren oder unhöflich zu sein, haben entweder ein sehr langweiliges Privatleben oder Ihre eigenen Probleme und laden diese einfach bei jemand anderem ab.

Ein schöner Spruch lautet: Es gibt Milliarden von Menschen auf der Erde, aber Du lässt Dir den Tag von einer einzigen Person vermiesen? Und es ist tatsächlich so, solche Menschen sind es nicht wert, dass Sie zu viele Gedanken verschwenden, wenn Sie und Ihr Hund „schuldlos“ waren.

Ja, es gibt sie, die superartigen Hunde, die stets auf ihre Besitzer achten, die ganz „lieb“ und folgsam sind. Manchmal ist es einfach wirklich ein ganz problemloser Vierbeiner, oft aber steckt in solchen „Wunderhunden“ wahnsinnig viel Arbeit. Wir durchschnittlichen Hundehalter haben natürlich auch noch ein Leben außerhalb des Hundetrainings und es ist nun mal so wie im „richtigen Leben“: nobody is perfect.

Im Zweifelsfall halten Sie sich daran fest, dass Sie Schlimmeres verhindert haben und es doch nur ein Hund ist, der bellt – alle Hunde bellen!

Bleiben Sie entspannt und freuen Sie sich an den Dingen, die Ihr Hund besonders gut kann (siehe 4.7).

4.7 Situationsanalyse

Bitte betrachten Sie Ihre persönliche Situation genauer: Oft zeigen Hunde mit einem spezifischen Problem in anderen Bereichen nahezu vorbildliches Verhalten. Ein Hund, der unfreundlich auf Artgenossen reagiert, kann vielleicht problemlos mehrere Stunden alleine bleiben; ein ängstlicher und unsicherer Hund geht z. B. jedem Konflikt mit Artgenossen aus dem Weg und verhält sich in der Öffentlichkeit vorbildlich.

Wo liegt die besondere Fähigkeit Ihres Hundes, was kann er besonders gut? Ist er sehr verschmust, spürt er Ihre Stimmungen und steht Ihnen bei? Ist er immer gut gelaunt, wenn Sie anwesend sind, freut er sich über Ihre Zuwendung? Es gibt einen Grund, Ihren Hund besonders lieb zu haben, auch wenn er seinen eigenen persönlichen Problembereich hat!

Erstellen Sie eine Liste mit allen guten Eigenschaften, um sich immer wieder deutlich zu machen, dass Ihr Hund ganz viele tolle Seiten hat; Dinge kann, für die andere Hundebesitzer ziemlich lange trainieren müssen. Dies ist gerade dann wichtig, wenn Sie frustriert sind!

Jeder Hund hat diese tollen Eigenschaften, man muss sie sich nur deutlich machen. Gerne neigen wir Menschen dazu, Gegebenheiten hinzunehmen, angenehme Dinge einfach nur zu akzeptieren, statt zu erkennen, wie toll und wie positiv bestimmte Eigenschaften sind.

Erstellen Sie die Liste für sich selbst und für Ihren Hund, sie wird Ihnen helfen!

4.8 Trainingstagebuch

Ein guter und sinnvoller Rat ist, ein Trainingstagebuch zu führen. In diesem Tagebuch sollten Sie das tägliche Training und den Gesamtverlauf des Tages notieren.

Normalerweise ist unser menschliches Gehirn so gepolt, dass es negative Erlebnisse oder Ereignisse sehr gut speichert – schlicht, um sich in Zukunft schneller anpassen zu können und die unangenehmen Ereignisse zu vermeiden. Positive Dinge werden oft nicht so intensiv gespeichert. Im Zusammenhang mit dem eigenen Hund entsteht somit sehr schnell das Gefühl, der Alltag mit dem Problemhund bestünde nur aus unangenehmen Ereignissen und Misserfolgen.

Um zu verhindern, dass Sie in diese Spirale negativer Erinnerungen geraten, hilft ein Trainingstagebuch. Hier können Sie nachlesen, dass es vorangeht, dass die schlimmen Tage seltener werden, dass Sie und Ihr Hund Fortschritte machen. Und das tut an schlechten Tagen oft sehr gut!

Verwendete Literatur:

Axelsson, E. et. al. (2013): The genomic signature of dog domestication reveals adaption to a starch-rich diet. Nature 495, 360-364

Bradshaw, J. (2011): Hundeverstand, Kynos Verlag

Bekoff, M., (2000): Animal Emotions: Exploring Passionate Natures. Bioscience Vol.50 No.10; 861-870

Bernstein, I.S. (1981). Dominance: The baby and the bathwater. J Behav Brain Sci 4:419-57

Dennison, P. S. (2005): How to right a dog gone wrong. Alpine Blue Ribbon Books, Colorado.

Feddersen-Petersen, D.U. (2004): Hundepsychologie. Sozialverhalten und Wesen. Emotionen und Individualität. Franck-Kosmos Verlag, Stuttgart

Horn, L., Huber, L., Range, F. (2013): The Importance of the Secure Base Effect for Domestic Dogs – Evidence from a Manipulative Problem-Solving Task. PLoS ONE 8(5): e65296. doi:10.1371/journal.pone.0065296

Lord, K. (2013): Comparison of the Sensory Development of Wolves (Canis lupus lupus) and Dogs (Canis lupus familiaris. Ethology, Vol 119, Issue 2, p.110-120)

Mech, L. D. (1999): Alpha status, dominance, and division of labor in wolf packs. Canadian Journal of Zoology 77:1196-1203. Jamestown, ND: Northern Prairie Wildlife Research Center Online)

Morris, P.H. et al., (2008): Secondary emotions in non-primate species? Behavioural reports and subjective claims by animal owners. Cogn. Emotion 22, 3 – 20

5. Die häufigsten Probleme

In diesem Kapitel möchte ich Ihnen einen Überblick über die häufigsten Probleme verschaffen, die im Zusammenleben mit Hunden auftreten.

Natürlich kann dieses Kapitel nur einen Ausschnitt zu Ursachen und erste Trainingsmöglichkeiten darstellen, denn es ist wichtig, dass Ihr Hund ganz speziell und individuell untersucht und trainiert wird. Jeder Hund ist anders, jedes Hund-Halter-Team ist anders und es gibt spezielle Problembereiche, die dieses Buch nicht abdecken kann und welche einer ganz intensiven Betreuung bedürfen.

Ich weise nochmals ausdrücklich darauf hin, dass es immer wichtig und sinnvoll ist, sich von einem Experten beraten und helfen zu lassen. Bitte achten Sie hierbei auf die Qualifikation und verschaffen Sie sich einen persönlichen Eindruck von der Person, die Ihnen helfen soll. Der Begriff „Hundetrainer“ oder „Tierpsychologe“ ist nicht geschützt, es gibt keine einheitliche und anerkannte Ausbildung und es bedarf nichts außer einem Gewerbeschein, um eine entsprechende Tätigkeit auszuführen. „Positive Trainingsmethoden“ als Philosophie finden sich in nahezu jedem Internetauftritt von Hundeschulen oder Hundepsychologen – es ist heutzutage ein guter Marktfaktor. Bitte geben Sie Acht, ob auch wirklich entsprechend gearbeitet wird, Sie haben die Grundlagen der Lerntheorie und die Nachteile des Arbeitens über Strafe und Aversion beim Lesen dieses Buches kennengelernt und lassen sich nun nicht mehr hinters Licht führen. Lehnen Sie den Einsatz von körperlichen oder psychischen Bedrohungen oder unangenehmer Hilfsmittel sowie jegliche „Rudelführer-Mentalität“ ab, Sie sind gut informiert und wissen es besser!

Auch bei gering- bis mittelgradigen Problemen ist eine Begleitung durch einen tierärztlichen Verhaltenstherapeuten und/oder einen guten Trainer immer sinnvoll.

Wenn Sie während ihrer persönlichen Trainingseinheiten feststellen sollten, dass die Probleme unverändert bleiben oder sich gar verschlechtern, so suchen Sie bitte umgehend einen Fachmann auf! Das Training läuft dann falsch und es besteht das Risiko einer Verschlimmerung oder des Auftretens neuer Problembereiche. Hier ist rasche professionelle Hilfe ebenfalls vonnöten. Auch zur Kontrolle Ihrer Trainingsarbeit und für die „Feinabstimmung“ ist der neutrale und geübte Blick eines guten Trainers sehr hilfreich und sinnvoll.

5.1 Vor der Arbeit am Problemverhalten (der Checkup beim Tierarzt)

Bevor Sie mit dem Training beginnen, sollten Sie eine gründliche Untersuchung beim Tierarzt durchführen lassen.

Viele körperliche Erkrankungen oder auch Medikamentengaben und hormonelle Veränderungen können das Verhalten des Hundes massiv beeinflussen und beeinträchtigen.

Der Tierarzt sollte eine allgemeine Untersuchung durchführen sowie auf Schmerzen, Allergien, Funktionieren der Sinnesorgane und speziell auf die Verhaltensauffälligkeit bezogen untersuchen (z.B. neurologische Untersuchung).

An sinnvollen Laborkontrollen bieten sich das Schilddrüsenprofil, Leberwerte, Nieren- und allgemeine Blutwerte und eventuell der Hormonstatus an. Bei manchen Hunden sollten Zuckerwerte und auch der Urin untersucht werden.

Je nach Verhaltensproblem können spezielle Laborkontrollen durchgeführt werden. Besonders ideal ist die Zusammenarbeit mit einem verhaltenstherapeutisch tätigen tierärztlichen Spezialisten, der eventuell bestimmte Laborwerte anfordert und interpretiert.

Bitte beachten Sie, dass bestimmte Medikamente, z. B. Glukokortikoide (Cortison, Prednisolon) das Verhalten stark beeinflussen können.

Alle Verhaltensauffälligkeiten, die ohne vorheriges Trauma sehr plötzlich und sehr hefig und akut auftreten, haben meist körperliche Ursachen. Verhaltensauffälligkeiten ohne körperliche Ursache zeigen meist einen schleichenden Verlauf, allerdings können sie sehr akut erscheinen, wenn subtile Anzeichen oder die Kommunikationsversuche des Hundes nicht erkannt oder wahrgenommen wurden.

Anmerkung: Hunde, die für Drohverhalten oft und massiv gestraft wurden, lernen im Laufe der Zeit, die Kommunikationsversuche einzustellen. Hieraus kann enthemmtes Beißen mit Beschädigungsabsicht resultieren. Das Verhalten scheint „aus dem Nichts“ zu kommen. Leider ist dies nicht der Fall, denn weshalb sollte ein Hund, dessen Kommunikationsversuche sowieso nicht wahrgenommen werden und der sowieso immer Prügel bekommt, noch weiter kommunizieren? Hunde stellen ineffektive Verhaltensweisen, die keinen Erfolg bringen, ein. Leider führen Prügel nicht dazu, dass der Hund das richtige und angemessene Verhalten erlernt (siehe Kapitel 2).

Auch Allergien können sich nachhaltig auf das Verhalten auswirken.

Schmerzen führen oft zu Abwehrverhalten gegenüber Berührungen oder auch gegenüber Artgenossen. Beim Spielen mit anderen Hunden „tut es weh“, so werden andere Hunde prophylaktisch abgewehrt.

Merke: Ein tierärztlicher Check-Up ist immer sinnvoll, um körperliche Ursachen auszuschließen. Körperliche Ursachen sind nicht selten an Verhaltensauffälligkeiten beteiligt.

5.2 „Leinenaggression“ (Hund-Hund-Aggression)

Merke: Bei einer vorliegenden Hund-Personen-Aggression und bei schwerwiegender Hund-Hund-Aggression sollten Sie sich auf jeden Fall schnellstmöglich fachkundige Hilfe holen! Das Risiko ist viel zu hoch, um bei Aggression gegenüber Personen, Kindern oder Erwachsenen gar nichts zu unternehmen (Strafgesetzbuch, BGB).

Begriffe:

Unter dem Begriff „Leinenaggression“ versteht der Hundehalter i.d.R. das Auftreten von unangemessenem und unerwünschtem Verhalten des angeleinten Hundes bei Annäherung von anderen Hunden.

Zum unerwünschten Verhalten gehören in der Regel Vorwärtsdrang und Ziehen, in die Leine springen sowie mimische und körpersprachliche Drohgebärden: aufplustern, „Bürste“, Fixieren, steifbeiniger Gang, hochgehobener oder geduckter Kopf, hochgehobene oder waagrechte Rute, erhöhte Körperspannung, Körperschwerpunkt nach vorne oder hinten gelagert, Zähne zeigen mit langen oder kurzen Lippenspalten sowie kurzen oder langen Mundwinkeln, gerunzelte Nasenrücken- und Stirnhaut, dunkle Pupillen. Außerdem kommt es meist zu Bellen, Knurren, Keifen oder Grollen (verschiedene Lautäußerungen).

Die Reaktion wird oftmals durch den Anblick eines anderen Hundes ausgelöst. Besonders auffallend ist, dass all diese Verhaltensweisen scheinbar stärker sind, wenn der Hund angeleint ist. Häufig kann man von den Betroffenen hören, dass „leinenaggressive“ Hunde gut oder zumindest wesentlich besser mit anderen Hunden klarkommen, wenn sie nicht angeleint sind und somit Distanz oder Nähe zum Gegenüber selbst regulieren können und weniger Einfluss durch den Besitzer spüren.

Bei Aufeinandertreffen zweier Hunde (Konfrontationssituation) kann es zur Leinenaggression kommen.

Für den Hundehalter ist die häufig fehlende Ansprechbarkeit bzw. Aufmerksamkeit des Hundes in derartigen Situationen besonders problematisch. Der Hund bekommt einen Tunnelblick in Richtung anderer Hunde und scheint hochemotional.

Falls Sie selbst einen leinenaggressiven Hund besitzen, haben Sie vermutlich schon sehr viele Tricks, Ablenkungsmanöver und sonstige Einflussnahmen versucht oder Trainer und Hundeschulen besucht, um das Problem in den Griff zu bekommen. Oft treffen Sie auf Hundebesitzer oder Menschen ohne Hund, die Sie schief ansehen oder Ihnen wohlgemeinte Ratschläge geben. Die netteste Variante ist dann schon ein empörtes Kopfschütteln. Vielleicht sind Sie sogar schon so weit, dass Sie in der Dunkelheit oder in Gebieten mit Ihrem Hund spazieren gehen, wo Sie weder auf Personen noch auf andere Hunde treffen. Ihr Hund und Sie werden nach und nach sozial isoliert.

Ursachen und Formen der Aggression:

Man kann Aggression einteilen nach:

- dem vorherrschenden *emotionalen Zustand*, also affektiv (Ziel: Distanzvergrößerung) und nichtaffektiv (Ziel: Distanzverkleinerung, Jagdverhalten, emotionslos[22])
- der *Ursache/dem Auslöser*: zur Sicherung von Ressourcen (Objekten und Personen/Hunden), aus territorialen Gründen, aus Gründen der biologischen Fitness/Fortpflanzung (hormonell bedingt), aus Frustration, aus Angst (Mangel an Erfahrung, seltener schlechte Erfahrungen), zur Sicherung der Ressource „körperliche Unversehrtheit", aufgrund organischer Ursachen, aufgrund von Schmerzen (diese Ursache sollte nicht unterschätzt werden!)
- weiterhin *andere Einteilungen:* Aggression im Zusammenhang mit dem eigenen Status, mütterliche Aggression, Aggression im Spiel, umgerichtete Aggression, possesive Aggression, protektive Aggression, Angstaggression, irritiative[23] Aggression
- der *Absicht:* offensive Aggression – defensive Aggression (sicher – unsicher/verteidigend)
- dem *Opfer*: Hunde desselben Haushaltes – bekannte Hunde – fremde Hunde, Personen, Kinder, Senioren, andere Tierarten etc.

Grundsätzlich ist Aggression *unerwünschtes Normalverhalten*, gehört zum artspezifischen Verhaltensprogramm und sollte zunächst nicht wertend betrachtet werden. Aggression kommt auch bei der Wildform des Hundes vor und auch freundliche Menschen streiten sich ab und zu.

Der Einsatz von Aggression ist immer auch *Kommunikation*, um eine räumlich-zeitliche *Distanz* zu schaffen und auch, um die eigenen *Interessen durchzusetzen*. Es geht um etwas für den Hund Wichtiges, den eigenen Körper, Futter, die biologische Fitness etc.

Aggression dient also auch der Kommunikation. Insofern ist es besonders wichtig, dass entsprechende Zeichen erkennbar sind. Mit dem Einsatz aggressiver Signale warnt der Hund vor und versucht, nicht noch deutlicher werden zu müssen!

---

[22] Jagdverhalten ist durch das Fehlen von Emotionen gekennzeichnet, diese wären sehr hinderlich.

[23] Unter irritativer Aggression versteht man das Auftreten aggressiver Verhaltensweisen im Zusammenhang mit z. B. Berührungen.

Lindsay betont die Beeinflussung aggressiven Verhaltens durch emotionale (also reflexhafte), aber auch durch erlernte (instrumentell konditionierte) Elemente. Weiterhin wird aggressives Verhalten durch aktuelle Auslösefaktoren (so z. B. Motivationslage, Umgebung), durch die momentane Gefühlslage (Frustration, Unruhe, Reizbarkeit) und durch das Vorliegen einer spezifischen Situation oder einem spezifischen Ziel, gegen welche das aggressive Verhalten gerichtet ist, beeinflusst. Aggression selbst hat das Ziel, Kontrolle über eine Situation zu erlangen oder die Kontrolle zu behalten. Aus Hundesicht wird sie eingesetzt, um eine Situation, die höchst unangenehm ist, irgendwie zu beeinflussen und zu verändern, so dass der Hund möglichst unverletzt und unbeeinträchtigt wieder herauskommt.

Bowen und Heath führen Aggression gegenüber unbekannten Hunden wie bei der Leinenaggression hauptsächlich auf mangelnde Sozialkompetenz, Frustration, Furcht/Angst, Kompetition/Konkurrenz zwischen Hunden und Fehler der Besitzer zurück.

Da die aggressive Reaktion in der Regel ein multifaktorielles Geschehen ist, ist sie immer auch abhängig von angeborenen Eigenschaften, von Habituation und Sozialisation, also frühen Erfahrungen und den erlernten Kommunikationsfähigkeiten, weiteren Erfahrungen während des Lebens, von Trainingserfahrungen und Lerneffekten/Erfahrungen mit dem Halter, vom aktuellen Zustand, der aktuellen Situation oder den Umständen, der Motivationslage und vom Vorhandensein spezifischer Auslösereize. Auch hier liegt die Betonung auf den **vielen** Einflussfaktoren und deren Zusammenspiel und der Überschreitung eines gewissen Schwellenwertes bzw. Unterschreitung einer gewissen Distanz.

Allgemein findet aggressive Kommunikation mit oder ohne Leine zu Beginn oft nur sehr subtil statt. Hunde sind wahre Meister im Lesen von Körpersprache der Artgenossen und auch der Menschen. Die Aggression wird vom Hundehalter erst dann bemerkt, wenn auffälligere Verhaltensweisen gezeigt werden – also meist erst, wenn es *laut* wird. Vieles läuft allerdings schon weit vorher ab, wird jedoch leider nicht bemerkt.

Ganz allgemein kann aggressives Verhalten durch die hochgradige emotionale Komponente als reflexartig angesehen werden. Reflexe sind eng mit dem Wohlbefinden eines Organismus verbunden, so dass das Auftreten aggressiver Verhaltensweisen mehr oder weniger evolutionsbedingt als zwingend notwendig betrachtet werden kann. Reflexe sichern das Überleben. Beim Einsatz aggressiver Verhaltensweisen (agonistischem Verhalten) geht es um *Kommunikation* und hierdurch wiederum um die *Verhinderung oder Vermeidung von Kämpfen*, um Verhinderung von Verletzungen und somit um die Sicherung der eigenen Unversehrtheit. Deshalb setzt ein Hund aggressive Mimik und Körpersprache sowie Lautgebung in Konfrontationssituationen ein – es geht um das Nicht-verletzt-werden und um das Fernhalten der Bedrohung bzw. den Erhalt einer momentan wichtigen Ressource! Bei manchen Hunden ist die ursprüngliche Motivation allerdings im Laufe der Zeit deutlich maskiert.

In der Regel findet eine Koppelung an spezielle, vorangegangene und erfahrungsbedingte Auslösereize/Stimuli statt, bei der Leinenaggression löst das Auftauchen eines anderen Hundes das Verhalten aus. Einflüsse durch den Besitzer sind meist ebenfalls vorhanden und wirken verstärkend. Wichtig ist für uns Hundehalter somit, dass alle Aggressionsformen **immer** mit vielen Lerneffekten und Lernerfahrungen verbunden sind. Eine ursächlich angstbedingte Aggression kann nach einigen Wochen wie sicheres und offensives Verhalten aussehen, wenn der Hund entsprechende Lernerfahrungen machen konnte. Eine ursprüngliche Angstmotivation kann also deutlich maskiert werden: Der Hund hat gelernt, wie er sich zeigen muss, um sicher zu wirken.

Wieso ist das Verhalten an der Leine oft viel schlimmer?

Angeleint ist ein Hund in der Regel stark in seinen Kommunikationsmöglichkeiten eingeschränkt. Er kann sich an der Leine nicht hundgerecht verhalten. Der Hund ist somit völlig abhängig von den Entscheidungen seines Besitzers. Er kann der Bedrohung nicht ausweichen und eine aus Hundesicht „höfliche" Annäherung ist angeleint nicht möglich: einen Bogen gehen, langsam gehen, Beschwichtigungsgesten einsetzen, z.B. „dringend irgendwo schnuppern zu müssen", sich abwenden etc. Wenn ein Hund seine persönliche Individualdistanz (seinen Wohlfühlabstand) nicht bestimmen kann, so wird er vermutlich entweder Schutz hinter seinem Menschen suchen, im Leinenradius versuchen, auszuweichen, oder aber versuchen, zu „kommunizieren", indem er aggressives Verhalten einsetzt. Dieses ist aus Hundesicht meist hocheffektiv. Das, was so bedrohlich oder unerwünscht ist, weicht zurück, der Kontakt kann vermieden werden, das Gegenüber wird durch den Einsatz aggressiven Verhaltens ferngehalten. Hunde lernen immer kontextbezogen, was bedeutet, dass diese „effektive" Methode in einer folgenden, ähnlichen Situation wieder und möglicherweise immer heftiger eingesetzt wird. Auseinandersetzungen entstehen also sehr oft, wenn die Fähigkeiten zur Kommunikation nicht ausreichen oder der Hund am Ausüben dieser Fähigkeiten durch Einschränkung gehindert wird. Das Auftreten aggressiver Verhaltensweisen ist dann jedoch auch ein offensichtliches Zeichen dafür, dass der Hund massiven Stress hat.

Reduziert auf das Wesentliche ist es so, dass zwei genetisch festgelegte Komponenten zum Tragen kommen: Fremde Artgenossen sind mehr oder weniger immer Konkurrenten, denn sie gefährden den individuellen Erfolg, das Lebewesen möchte eigene Nachkommen sichern und benötigen genau dieselben Dinge zum Überleben. Deshalb stellen fremde Hunde grundsätzlich eine gewisse Bedrohung dar. Zweitens sind mehr oder weniger alle fremden Lebewesen aufgrund der Unbekanntheit per se mit Vorsicht zu genießen, wenn man sie nicht kennen gelernt hat oder nicht kennt/noch nie gesehen hat. Auch hier kann sich ein Hund sehr bedroht fühlen, auch hier wieder mit sehr individuellen Unterschieden.

Bei den meisten Hunden entwickelt sich leinenaggressives Verhalten schleichend. Zuerst zeigen Sie die Aggression gegenüber einzelnen Hunden, mit denen eventuell schlechte Erfahrungen verknüpft sind, dann manchmal gegenüber bestimmten Hundetypen (bei Hunden mit ungenügender Sozialisierung), gegenüber bestimmten Geschlechtern, Farben oder Größen. Traumatische Erfahrungen können eine Rolle spielen, sind aber viel seltener Ursache von Aggression als fehlende Erfahrungen mit andern Hunden. Bei manchen Hunden wird das problematische Verhalten gegenüber allen Hunden gezeigt. Auslösemoment ist dann schlicht das Angeleintsein in Kombination mit der Annäherung anderer Hunde und der meist vorhandenen Reaktion des Besitzers. Hunde mit körperlichen Problemen, z.B. Schmerzen und organischen Erkrankungen, zeigen oft einen plötzlichen Beginn der aggressiven Verhaltensweisen. Manche Hunde sind von klein auf problematisch im Hundekontakt (Sozialisierungsdefizite), manche zeigen das Problemverhalten erst während oder nach der sozialen Reife.

Ganz wichtig ist die *Prophylaxe*, wenn sie denn möglich ist. Ganz allgemein sollte jeder Hund gut mit Artgenossen und Menschen sozialisiert werden. Im Laufe der Zeit sollten Begegnungen mit anderen Hunden, so wie es die Gesellschaft leider teilweise fordert, entsprechend trainiert und geübt werden – also angeleint auf engerem Raum. Auch die frontale Annäherung kann in entspanntem, positivem Kontext geübt werden. Die frontale Annäherung ist aus Hundesicht höchst unhöflich, sollte aber modifiziert und trainiert werden. Die Faktoren Winkel, Geschwindigkeit, räumliche Gegebenheiten, Ausweichmöglichkeiten und die stets locker zu haltende Leine sollten mit in das Training eingebracht werden. Die Hundebesitzer sollten angeregt werden, anderen angeleinten Hunden von Anfang an mit einem (leichten) Bogen zu begegnen und eine frontale Annäherung auch im Alltag zu vermeiden.

Leider ist eine Prophylaxe jedoch oft nicht mehr möglich.

Biologie/Neurologie:

Im Hundegehirn kommt es im Bereich für Erwartungen und strukturiertes Vorgehen – im präfrontalen Cortex – bei Anblick des Auslösereizes „anderer Hund“ zu einer Übererregung. Dann ist kein Handlungsziel mehr entwickelbar, der Hund wird regelrecht kopflos und kann nur noch mit den vorhandenen Mustern der Krisenbewältigung reagieren. Da eine Flucht nicht möglich ist, nutzt er Aggression zur Distanzierung. Wenn diese Verhaltensmuster nicht weiterhelfen, der andere Hund beispielsweise trotzdem näher kommt, wird der Hirnstamm aktiviert. In diesem Bereich geht es mehr oder weniger um das Überleben, das eigentlich nur durch Flucht oder aber durch Angriff gewährleistet werden kann. Die Flucht ist beim angeleinten Hund logischerweise ausgeschlossen, was bleibt ist der Angriff. Der Hirnstamm ist ein entwicklungsgeschichtlich sehr alter und wichtiger Teil des Gehirns, dort geht es um das Überleben – es sind keine Alternativen im Verhalten mehr möglich, wenn dieser Bereich aktiv ist.

Vor der Übererregung des präfrontalen Cortex werden Reize zuerst im Mandelkern wahrgenommen. Der Mandelkern ist für das emotionale Gedächtnis und die Angstkonditionierung zuständig. Dort wird entschieden, ob ein auftauchender Reiz gut oder schlecht, bedrohlich oder angenehm ist. Der Mandelkern arbeitet zunächst relativ „selbstständig“, ohne bewusste Analyse der Situation. Erst einige Millisekunden später werden die Reize auch in der Kontrollstelle Großhirnrinde verarbeitet und bewertet. Leider ist der Mandelkern etwas schneller und es kommt häufiger zu Fehlalarmierungen und entsprechend zur Übererregung in bestimmten Gehirnbereichen – die Angst und das Angstgedächtnis sind erst einmal stärker.

Wenn weder Flucht noch Angriff möglich sind, folgt in der Regel eine Erstarrung und Hemmung, da mehrere Bereiche des Gehirns quasi im Leerlauf sind. Hieraus können auf Dauer stressbedingte Folgeerkrankungen, also massive Angst- oder Zwangsstörungen oder auch weitere aggressive Verhaltensstörungen resultieren. Deshalb sind die Trainingstechniken, die auf dem so genannten Flooding basieren, tierschutzwidrig und im Falle von Aggression auch sehr gefährlich! Hier wird der Hund solange einem beängstigenden oder bedrohlichen Reiz ausgesetzt, bis er nicht mehr reagiert – also vollkommen erschöpft ist!

Diagnose:

Durch Spezialisten! Bei Gefährdung von Hund, Umgebung und Hundebesitzer ist rasche Hilfe nötig!

Merke: Ein Gefährdungspotential für andere Hunde und Personen liegt bei leinenaggressivem Verhalten fast immer vor.

Therapie/Toolbox:

Ehrliche Worte vorweg: Das Training wird dauern. Auch bei uns Menschen macht das Ablegen von Gewohnheiten oder fest verwurzelten Verhaltensweisen extrem viel Arbeit, obwohl wir mit höheren geistigen Kapazitäten als Hunde ausgestattet sind. Zu berücksichtigen ist, dass auch wir Menschen in starker Emotionalität oder Aufregung nicht besonders variationsreich, sondern meist kopflos reagieren. Genauso geht es den Hunden. Außerdem kann neben der Panik des Hundes auch noch kaum oder schlechtes Feedback vom Menschen kommen, was das Ganze verstärkt. Auch der Mensch sollte Willens sein, ein paar wichtige Punkte an seinem Verhalten zu ändern oder zumindest lernen, wie er für seinen Hund in derartigen Situationen ausreichend Sicherheit ausstrahlt – das geht bestimmt nicht durch schreien, schlagen oder schimpfen (siehe Kapitel 2 und 4).

Von den meisten Hundehaltern mit leinenaggressiven Hunden werden irgendwann einmal Schimpfen, Strafen oder Ablenken praktiziert. Leider berücksichtigt keine dieser „Maßnahmen" die Motivation des Hundes! Bei keiner dieser „Trainingsmethoden" wird berücksichtigt, **warum** der Hund das Verhalten zeigt und **was** der Hund mit dem Verhalten bezwecken möchte. Zudem wird bei allen Methoden **nicht** an der emotionalen Grundhaltung des Hundes gearbeitet. Diese wiederum kann nur verändert werden, wenn man sich im Klaren über die Motivation des Hundes ist.

Natürlich ist das korrekte Vorgehen individuell sehr unterschiedlich. Das Arbeiten an leinenaggressivem Verhalten ist also eine ganz individuelle Sache und sollte unbedingt auf den jeweiligen Hund zugeschnitten sein. Eine Rolle spielen die spezifischen Auslöser, seine Motivation, seine Möglichkeiten und sein Lernvermögen. Einheitliche Trainingsschemata kann und darf es somit nicht geben. Wenn ein Trainingsweg die Eigenheiten eines Hundes nicht berücksichtigt, kann dieser Weg nicht erfolgreich sein.

Bitte suchen Sie sich einen auf der Basis positiver Verstärkung arbeitenden Trainer oder Therapeuten und lassen Sie sich einen individuellen Trainings- und

Vorgehensplan entwickeln. Suchen Sie sich Hilfe, denn Leinenaggression kann Sie und Ihren Hund krank machen. Zudem kann die Öffentlichkeit, andere Hunde und Sie selbst gefährdet werden.

Es gibt allgemeine grundlegende Prinzipien, die bei Hunden mit Leinenaggression beachtet werden sollten:

Faktor Dauer: Wie lange zeigt der Hund das Verhalten schon und wie wurde bislang damit umgegangen, was wurde unternommen. Fehlerhaftes Training verlängert die Therapie.
Faktor Distanz: Wo ist der kritische Punkt, an dem das Verhalten beginnt? Es muss immer *unterhalb* der Reaktionsschwelle gearbeitet werden, damit der Hund angemessenes Verhalten lernen kann.
Faktor Motivation: Was will der Hund mit seinem Verhalten erreichen und erreicht er es unabsichtlich auch? Leinenaggressives Verhalten ist oft selbst belohnend. *Achtung bei frustrationsbetonten Formen*: Hier möchte der Hund zum anderen Hund hin – das Training verläuft in diesem Fall anders!
Was soll der Hund stattdessen tun? Kann ein Hund dieses Verhalten in einer solchen Situation tatsächlich ausführen? Wie realistisch sind die Erwartungen? Wie gut ist dieses Alternativverhalten bereits ausgearbeitet? Kann der Hund es auch unter Ablenkung ausführen? Kann er es freudig ausführen, wie ist seine Stimmung dabei?
Faktor Qualität des gegenläufigen Motivationsmittels. Um effektiv an Problemsituationen arbeiten zu können, benötigt man sehr starke Gegenmotivationen. Überlegen Sie bitte: Ihrem Hund geht es in einer solchen Situation um das Überleben und eigene Vorankommen. Was motiviert ihn mindestens ähnlich stark im Positiven und macht ihn freudig aufgeregt? Das kann natürlich keine Strafe sein. Starke gegenläufige Motivationsmittel haben bei geplantem und gezieltem Einsatz den Vorteil, dass die emotionale Grundhaltung des Hundes ins Positive verändert wird. Der Hund empfindet die Situation als angenehm!
Faktor Zeit: Alle effektiven Methoden sind im Aufbau, da sie nur schrittweise umgesetzt werden sollten, etwas arbeitsintensiver. Sie möchten bei Ihrem Hund eine langfristig wirksame Verhaltensänderung und eine positive emotionale Grundhaltung erreichen. Denken Sie an eigene lästige Gewohnheiten und Verhaltensmuster. Um eine Änderung zu erreichen, müssen auch Menschen sehr intensiv an sich arbeiten!

Faktor Quantität: Wie oft und wie erfolgreich wird am Problemverhalten gearbeitet? Im Idealfall findet ein Training in vielen, teils gezielt geplanten und kontrollierten Einheiten, teils im Alltag statt. Diese Einheiten können erst dann intensiviert werden, wenn der Hund in der Lage ist, „mehr" zu ertragen und dabei ruhig zu bleiben.
Was sagt der Hund uns? Was erträgt er, was kann er leisten? Wie stark ist sein Stress?

Merke: Fortschritte und Erfolge hängen immer stark von der Motivationslage ab und diese wiederum vom Deprivations- oder Sättigungslevel[24] für das jeweilige Motivationsmittel, also wie stark das Bedürfnis des Hundes nach diesem Motivationsmittel ist.

Ohne Motivation ist **kein** Training möglich. Es gibt **immer** etwas, was den Hund motiviert! Im Training tut man gut daran, strukturiert vorzugehen, Motivationsmöglichkeiten zu planen und einzuteilen.

Aus der Toolbox sind bei Leinenaggression hilfreich:

- Markersignal (3.1)
- Freundlicher Verhaltensabbruch, evtl. Entfernung vor Eskalation (3.2)
- Abbruchsignal mit Alternative (3.3)
- Blitzwendung – Wir gehen! (3.5)
- Zeigen und Benennen (3.6)
- Überschreiben und Überlagern von Erregung (3.7)
- Entspannung (3.8)
- Target/Handtarget (3.9)
- Alternativverhalten (3.10)
- Distanzvergrößerung (3.11)

[24] Deprivations- oder Sättigungslevel bezeichnen das Bedürfnis nach dem jeweiligen Motivationsobjekt. Besteht eine Deprivation, so hat der Hund ein starkes Bedürfnis danach, ist er gesättigt, so erzeugt das Motivationsmittel beim Hund kein großes Verlangen.

5.3 Jagdverhalten

Einer der Hauptgründe für die Domestikation[25] des Hundes war seine Fähigkeit, Beute zu erjagen und so als nützlicher Jagdgehilfe eingesetzt zu werden. Hunde hören besser, riechen besser und sehen Bewegungen besser als Menschen, was beim Jagen von großem Vorteil ist. Im Laufe der Jahrhunderte der Hundehaltung erfolgte zusätzlich eine starke Zuchtauswahl im Bezug auf jagdliche Eigenschaften. Bestimmte Fähigkeiten wurden gezielt verstärkt und herausgearbeitet.

Auch unsere gut gefütterten Haushunde haben die Jagdleidenschaft in sich – kaum ein Hund muss mehr seine Nahrung erjagen, aber der „Instinkt“ ist immer noch vorhanden. Jeder Hund ist aus zoologischer Sicht ein Beutegreifer, ein Raubtier. Auch Hütehunde zeigen beim „Hüten“ stilisiertes Jagdverhalten, die Verhaltenssequenz wird durch zuchttechnische Maßnahmen jedoch nur bis zum Hetzen und Erfassen gezeigt. Der Tötungsbiss und das Beißschütteln bleiben aus, aber der Bereich des Hütens ist im Grunde Jagdverhalten ohne die Endsequenzen des Verhaltensmusters.

Das Jagdverhalten des Hundes zeigt deutliche Unterschiede zu aggressivem Verhalten. Ein jagender Hund ist mehr oder weniger *emotionslos*. Er hetzt eine potentielle Beute mit dem Ziel, die räumliche Distanz zu *verkleinern* und das Beutetier zu töten. Ein jagender Hund zeigt *keine Kommunikation* mit dem Beutetier.

Im Gegensatz hierzu steht die affektive Aggression, die das Ziel hat, die Distanz zu einer Bedrohung zu *vergrößern*. Dies ist der Fall, wenn ein Hund andere Hunde oder Personen bedroht und verbellt. Hier ist der Hund hochgradig *emotional* und versucht, den Konflikt über *Kommunikation* mit dem Gegenüber zu beeinflussen (Imponierverhalten, drohen oder Knurren, Submission etc.).

Hinsichtlich der Neurophysiologie ist von Bedeutung, dass das Jagdverhalten des Hundes bereits bei seiner Ausübung, also auch ohne das Beutetier zu erreichen, über körpereigene Opiate (Endorphine, Botenstoffe im Gehirn) direkt belohnend wirkt. Somit wird bereits beim Hetzen der Beute ein Hochgefühl erzeugt und das Verhalten selbst am Laufen gehalten – auch *ohne* jeglichen Beutefang!

Jagdverhalten wird zudem *unabhängig von Hunger* ausgelöst, da ein Raubtier jede Chance nutzen muss. Wer weiß, wann es das nächste Mal wieder etwas gibt. Jede Jagdmöglichkeit wird, wenn möglich, angenommen.

---

[25] Domestikation bedeutet „Haustierwerdung“, also die Entwicklung von der Wildform zum Haustier.

Merke: Jagen ist ein in hohem Maße selbstbelohnendes Verhalten und somit ist es sehr arbeitsintensiv gegenzusteuern. Besser, man lässt es gar nicht so weit kommen.

Das Jagdverhalten ist Hunden angeboren. Hunde sind Hetzjäger, ihre visuellen Fähigkeiten sind in besonderem Maße darauf ausgerichtet, Bewegungen wahrzunehmen. Auslösereize sind zunächst optischer Natur – Objekte, die sich schnell bewegen und durch die Bewegung ein Folgen und Hetzen auslösen. Dementsprechend können auch Jogger, Radfahrer, Skateboarder, rennende Kinder, Autos oder Traktoren und andere Tiere als Wild ein Hetzen auslösen. Was genau Objekt der Jagdleidenschaft eines Hundes wird, hängt von Lernvorgängen und persönlichen Erfahrungen des Tieres ab. Die Geruchsfähigkeiten im Hinblick auf Beute sind größtenteils erlernt, vornehmlich dann, wenn nicht bemerkt wird, dass der Hund Jagdverhalten zeigt und so viel „üben" kann.

Das kritische Alter für eine beginnende Jagdleidenschaft liegt bei ungefähr sechs Monaten. Der Prozess unterliegt einer individuellen Entwicklung und Reifung. Bei manchen Hunden kann eine Jagdleidenschaft schon weit früher beobachtet werden, bei anderen treten die Ambitionen erst später zu Tage. Sehr viele Hunde „schauen" sich Jagdverhalten bei anderen Hunden ab und kommen dann selbst auf den Geschmack (Beobachtungslernen, Kap. 2).

Meist wird das für den Halter sehr unangenehme Verhalten dann deutlich, wenn der Hund immer häufiger Jagdversuche startet oder gar während einer Hatz verschwindet und erst viel später wieder auftaucht.

Merke: Jagdverhalten ist angeboren, man kann es nicht „heilen", sondern nur kontrollierbar machen.

Merke: Jeder jagende Hund sollte kontrolliert werden können. Der Hund bringt sowohl das Beuteobjekt – sei es nun ein Hase, ein Reh oder ein Jogger/Radfahrer – als auch sein eigenes Leben in Gefahr!

Oft ist dies nur durch ein angeleintes Ausführen in Gebieten möglich, in denen Wild sein könnte. Jagt der Hund, muss die (lange) Leine leider vorerst am Geschirr bleiben, bis entsprechend trainiert wurde.

Für uns ein idyllischer Anblick, für manchen Hund der Auslöser von Jagdverhalten

Prophylaxe:

Präventive Maßnahmen sollten bereits beim Welpen ergriffen werden. Bedenken Sie immer, dass Ihr kleiner Hund irgendwann einmal erwachsen ist und somit sehr gefährlich werden kann. In manchen Hundeschulen werden in den Welpengruppen und weiterführenden Kursen sinnvolle Signale und Übungen durchgeführt, um Jagdverhalten frühzeitig zu unterbinden (z. B. Ansehen des Besitzers auf Signal; Wegsehen vom Wild).

In kritischen Situationen sollten Sie Ihren Hund *immer* an der Leine führen. Wenn Sie beispielsweise einen Waldspaziergang machen möchten, so sollten Sie Ihren Hund dort grundsätzlich anleinen. Sie verstoßen sonst gegen das Tierschutzgesetz und diverse andere Gesetze (Bundesjagdgesetz, Bürgerl. Gesetzbuch). Bitte beachten Sie die Wildschongebiete! Hier herrscht immer Leinenzwang. Nehmen Sie auf das Wild Rücksicht und schützen Sie auch Ihren Hund.

Merke: Ein Hund schüttet jedes Mal, wenn er irgendetwas hinterherhetzt, körpereigene Opiate aus und belohnt sich selbst.

Sogar beim Verfolgen der Vögel auf dem Acker, die der Hund „ja sowieso nicht erwischt“ und wobei er immer „so schön müde wird und sich bewegt“, übt Ihr Hund! Womöglich „stolpert“ er auf der nächsten Hatz über einen Hasen und steigt in die nächste Beutekategorie auf!

Mit jeder weiteren Ausübung von Jagdverhalten wird der Hund immer geübter und „süchtiger“, unabhängig davon, ob er eine Beute zu fassen bekommt, oder nicht. Unterbinden Sie deshalb die Möglichkeit, zu hetzen oder zu jagen.

Merke: Gerade im Winter reicht es einem Reh oder Hasen aus, ein, zweimal gehetzt zu werden – das Wild muss dabei nicht erwischt werden, alleine das Flüchten zehrt so an den Kräften und Reserven, dass die Tiere verenden[26].

Therapie/Toolbox:

Suchen Sie sich professionelle Hilfe und üben Sie:

- Markersignal (3.1) – ein gutes Timing ist hier besonders wichtig!
- Rückruftechniken, Belohnungsvariationen
- Maßnahmen zur Senkung der Erregung nach Wildsichtung (Absenken der Erregung, 3.8)
- Abbruchsignal mit Alternative (3.3)
- Impulskontrolle und Rückorientierung (3.4)
- Beschäftigung (z.B. Futtersuche, Nasenarbeit)
- Ignorieren eines Beutetieres, Wegsehen vom Beutetier oder gezieltes Anzeigen eines Beutetiers (Zeigen und Benennen, 3.6)
- Alternativverhalten und Jagd„ersatz“training (Alternativverhalten 3.10)

Merke: Das Training zur Kontrolle unerwünschten Jagdverhaltens kann nicht mit Einsatz von Strafe erfolgen! Jagen ist selbstbelohnend – Sie können durch Strafe kaum dagegen arbeiten.

---

[26] Vgl. Homepage der Jagd Großsachsenheim, eine sehr empfehlenswerte Website: http://www.jagd-sachsenheim.de/info%20-%20Wildernde%20Hunde.html

Bei sehr stark ambitionierten Hunden gibt es spezielle Möglichkeiten, die selbstverständlich ohne verbotene und tierschutzwidrige Hilfsmittel oder Strafen trainiert werden können. Aber auch diese sollten nur für Extremfälle und niemals ohne professionelle Anleitung eingesetzt werden!

Wichtig ist, dass im Training keine körperlichen oder psychischen Bedrohungen eingesetzt werden! Es ist möglich, Jagdverhalten auch ohne den Einsatz von Starkzwang, Zwang, Druck und Bedrohung kontrollierbar zu machen.

Das Training selbst sollte für Ihren Hund angepasst und auf seinen individuellen Zustand zugeschnitten sein. Nicht jeder Hund hat denselben Übungsstand und dasselbe Problem und nicht jeder Halter ist wie der andere. Deshalb ist bei Jagdleidenschaft eine fachliche Betreuung immer angebracht.

5.4 Angstprobleme

In der Literatur wird häufig zwischen Angst, Furcht und Phobie differenziert – Furcht bezieht sich auf tatsächliche Bedrohungen und ist ein spezifisches Gefühl, Angst entsteht in Erwartung eines bedrohlichen Ereignisses und ist eher unspezifisch. Eine Phobie ist eine übersteigerte Angst, die der aktuellen Bedrohung nicht angepasst ist und angemessene Reaktionen verhindert.

Ich fasse im Weiteren Angst, Furcht und Phobien zum Begriff Angst zusammen.

Allen Bereichen ist gemein, dass sie das Wohlbefinden des Hundes, aber auch der dazugehörigen Menschen sehr stark beeinträchtigen und für großes Leid sorgen können.

Anatomie/Neurobiologie:

Eine sehr wichtige Zentrale für das Angstempfinden im Gehirn ist der Mandelkern (Amygdala). Hierbei handelt es sich um eine Ansammlung von Kernen aus Nervenzellen im Bereich des tiefen Schläfenlappens in der rechten und linken Gehirnhälfte.[27]

[27] http://www.gehirn-atlas.de/amygdala.html sowie Puppe, A. (2008): Tierische Emotionen: Von glücklichen Kühen, falsch verstandener Tierliebe und fürsorglichen Hyänen. Wissenschaftsmagazin FU Berlin.

Die Amygdala spielt eine wichtige Rolle im Zusammenhang mit Angst, sie ist die Alarmanlage des Gehirns. In den Mandelkernen erfolgt eine Gefahrenanalyse und Bewertung von Reizen, dort wird auch das emotionale Gedächtnis stark beeinflusst. In der Amygdala erfolgt die Furchtkonditionierung. Die Amygdala kann Erinnerungen mit Emotionen verknüpfen. Der Mandelkern ist somit für das Erlernen von Angst zuständig.

Sinnesreize und Eindrücke gelangen über die Sinnesorgane und Leitungen zum Thalamus im Gehirn. Der Thalamus entspricht einer Schaltzentrale, einer Pforte. Von dort wird die Information weiter an die seitlichen Kerngebiete der Amygdala geleitet – diese können die erhaltenen Eindrücke miteinander verbinden und verknüpfen. Gleichzeitig wird das Kampf-oder Flucht-System über die entsprechenden Gehirnbotenstoffe und Substanzen aktiviert und es werden Stresshormone ausgeschüttet.

Beispiel für die Funktionsweise der Amygdala: Wenn „Sitz" gerufen wird und in engem zeitlichem Zusammenhang Schmerzen empfunden werden (der Hund sitzt nicht und bekommt dafür Schläge), so werden in der Amygdala diese beiden Sinnesreize verbunden und entsprechend mit einem unangenehmen Gefühl gekoppelt.

Die genauen Details einer Situation werden auch über eine langsamere Leitung über den Hippocampus (einem Bereich des Gehirns für Merken und Faktenspeicherung) und die Großhirnrinde aufgenommen und verarbeitet. Das ist gut, denn oft stellen sich die schnellen Alarmierungen über die Mandelkerne als Fehlalarm dar – dies findet die Großhirnrinde durch die genauere Analyse und detailgetreuere Verarbeitung der Situation heraus.

Manche Ängste sind erblich oder angeboren, Ängste können jedoch auch erlernt werden.

Beim Lernen von Angst werden nicht nur die genauen Details über den auslösenden Reiz abgespeichert, es werden gleichzeitig die komplette Situation und der Kontext mit verknüpft. Hierbei sind weitere Gehirnregionen mit beteiligt.

Die Amygdala hat eine sehr wichtige Funktion: Sie markiert bestimmte Situationen und Reize im Rahmen der Furchtkonditionierung als „wichtig" – sie verknüpft Erinnerung mit Emotionen und emotionale Ereignisse kann man sich schlicht besser merken, sie brennen sich im Gehirn ein, denn es ist überlebensnotwendig, gefährliche Situationen zu umgehen. Hippocampus und Großhirnrinde können, nach genauer Analyse und sofern der Reiz nicht wirklich gefährlich ist, die Reaktionen wieder eindämmen.

Leider ist es oft so, dass Ängste, sind sie etabliert, über lange Zeit bestehen bleiben. Es gibt jedoch die Möglichkeit, den Konditionierungsprozessen gegenzusteuern, neue Emotionen auf bestimmte Reize und Kontexte zu übertragen sowie Ängste über die Extinktion (Löschung) zu hemmen.

Problematisch bei Ängsten, Furcht und Phobien sind die gleichzeitig ablaufenden körperlichen Reaktionen. Nach einigen Wiederholungen werden die Reaktionen des Körpers durch Auslösereize und situative Gegebenheiten stimuliert und sind nicht willentlich zu steuern.

Im Gehirn schüttet die Hypophyse Stresshormone (ACTH) aus, in der Nebennierenrinde werden Noradrenalin und Adrenalin ausgeschüttet. Adrenalin soll den Körper auf die Flucht vorbereiten, Noradrenalin sorgt für eine Denkblockade. Gleichzeitig wirken Corticosteroide und andere Stresshormone in Gehirn und Körper. Der für das Überleben zuständige Hirnstamm und das Adrenalin sorgen für Blutdrucksteigerung und Erhöhung der Atem- und Herzfrequenz; die Wahrnehmung von Schmerzen im Hirnstamm wird gleichzeitig verringert. Aus dem Hirnstamm resultieren die ablaufenden Überlebensprogramme, wie Kampf- oder Fluchtreaktion.

Bei täglicher Konfrontation mit Ängsten und Bedrohungen können aus den ablaufenden Reaktionen langwierige Folgeerkrankungen resultieren.

Merke: Ängste bedürfen immer einer fachkundigen Hilfe und Betreuung, da sie für erheblichen Leidensdruck bei betroffenen Hunden und den Besitzern sorgen können.

Symptome für Angst/Furcht:

- typische Mimik und Körperhaltung (angespannt, fluchtbereit, Mimik ebenfalls sehr angespannt)
- Anspannung, erhöhte Wachsamkeit, „scannen" der Umgebung
- Hund macht sich klein, duckt sich oder versucht auszuweichen, Rute eingezogen
- „Sorgengesicht", hochgezogene Augenbrauen, geschlossener Fang mit Anspannung in den Lefzen, Ohren angelegt/zurückgezogen, lange Lippenspalte/zurückgezogene Mundwinkel (bei Angstaggression mit geöffnetem Fang), große, weit aufgerissene Augen, halbmondförmiges Weiß der Augen

- Alle mimischen Ausdrucksmöglichkeiten variieren mit der Situation und je nach Hundetypus; manche Hunde zeigen ihre Angst nicht deutlich
- Hecheln mit spatelförmiger Zunge
- Körperschwerpunkt hinten/unten
- Erstarren/Hemmung
- Meideverhalten
- Fluchtversuche
- Hecheln, über den Fang lecken, wegsehen, hin und her gehen, zittern, speicheln, Durchfall und Erbrechen, weggehen/schleichen, gähnen, stetes Blinzeln, flache Atmung; bei massiver Phobie unter Umständen Entleeren des Analbeutels, Verlust der Blasenkontrolle
- Winseln, jaulen, wimmern; in großer Panik: schreien
- Manche Hunde bekommen in kürzester Zeit „Schweißfüße" oder schuppiges Fell

Chronische Angstzustände können zu Folgeerkrankungen, wie Stereotypien und Zwangsverhalten (Siehe 5.8) führen.

Ursachen für Ängste, Furcht und Phobien

Ängste können ihre Ursache in einer genetischen Komponente haben. Für Angststörungen ist eine Erblichkeit von bis zu 30% nachgewiesen[28]. Es gibt Hunderassen, die anfälliger für bestimmte Angststörungen sind (sogenannte „Preparedness"). Eine sehr häufige, wenn nicht die häufigste Ursache für Ängste ist eine fehlerhafte oder versäumte Sozialisationsphase von der 3. bis zur 12. Lebenswoche – in dieser Zeit sollte der Hund sanft mit Reizen aus der belebten und unbelebten Umwelt konfrontiert werden. Auch Traumata können Ängste auslösen; selten ist jedoch eine einmalige schlechte Erfahrung die Ursache von Ängsten, vielmehr sind es fehlende Erfahrungen, die für ängstliches Verhalten verantwortlich sind. In manchen Fällen liegen diese Ursachen in Kombination vor, oft kommt es zur Verstärkung durch die Umgebung des Hundes, manche Hunde leiden an Erkrankungen, die den Hund ängstlicher werden lassen.

---

[28] Saetre, P. et. al.(2006): The genetic contribution to canine personality. Genes, Brain and Behavior, Vol 5, Issue 3, pp. 240-248

In der Welpenentwicklung sind die Erfahrungen aus dem frühen Welpenalter (3. bis 5. Lebenswoche) für die Umweltsicherheit von großer Bedeutung (Appleby, Plujimakers); negative Erfahrungen in der siebten und achten Lebenswoche setzen sich besonders stark fest. Im Grunde ist die achte Lebenswoche kein guter Zeitpunkt, einen Welpen abzugeben.[29]

Wichtig für Hundebesitzer ist es, zu wissen, dass Ängste die häufigste Ursache für aggressives Verhalten darstellen!

Prophylaxe beim Welpen:

Bereits beim Züchter (Umweltreize, 3. bis 5. Lebenswoche), aber auch nach der Übernahme des Welpen sollte eine maßvolle Stimulation mit Umweltreizen und Sozialkontakten stattfinden. Der Welpe soll und darf das Tempo bestimmen, der Besitzer soll Lösungsstrategien aufzeigen und erste mutige Schritte bestätigen und fördern.

Reizüberflutung und zu lange Stimulaton bzw. wenn der Welpen zu intensiven, zu lange andauernden oder zu vielen Reizen ausgesetzt wird, können starke negative Auswirkungen haben. Es ist wichtig, dass Sie behutsam vorgehen. Kurze Gewöhnungszeiten von maximal 15 Minuten reichen völlig aus, bitte achten Sie immer auf den Welpen und dessen Entspanntheitsgrad. Auch eine Koppelung mehrerer verschiedener Situationen, weil sich gerade die Gelegenheit ergibt, kann ungünstig sein, z. B. mit dem Welpen in der Straßenbahn in die Fußgängerzone, danach mit dem Bus zu Freunden auf Besuch etc.

Merke: Der Welpe sollte bei Übungseinheiten immer entspannt sein, hierzu muss auch auf subtile Stressanzeichen geachtet werden.

Zeigt Ihr Welpe, dass er Angst hat, so können Sie ihm immer und jederzeit Schutz gewähren, er darf zu Ihnen kommen und Rückhalt suchen. Zeigen Sie Ihrem Hund, dass Sie wahrgenommen haben, dass er sich fürchtet, aber versuchen Sie, den Kleinen souverän durch die Situation zu führen oder bleiben Sie bei ihm und gewähren

---

[29] Einerseits beginnt mit der achten Lebenswoche ein Überwiegen ängstlicher Reaktionen gegenüber den neugierigen Verhaltensweisen, andererseits muss der Welpe nun in den Haushalt kommen, in welchem er leben soll und sollte sozialisiert werden. Die meisten Welpen werden mit der achten Lebenswoche abgegeben. Hier sind ein sanfter Wechsel sowie eine gute Fortführung der Sozialisierung unter fachlicher Leitung besonders wichtig. Eine spätere Abgabe des Welpen erschwert eine Eingewöhnung und weitere Sozialisation, die nur bis zur zirka 12. Lebenswoche andauert.

ihm Sicherheit. Stellen Sie sich z. B. vor Ihren Hund und schirmen ihn ab – verhindern Sie unangenehme Situationen. Versuchen Sie immer noch mal, ob er nicht doch zu motivieren ist, selbstständig Kontakt zum beängstigenden Objekt aufzunehmen. Geht es gar nicht und sind die Ängste zu stark, so brechen Sie ab und verlassen Sie die Situation. Ein Verbleiben in der Situation führt nicht zur Gewöhnung, sondern zur Sensibilisierung (siehe Kap. 2).

Wenn Sie Ihrem Welpen helfen möchten, ängstigende Situationen zu überstehen, so sollten Sie auf keinen Fall_mit Druck oder Zwang arbeiten. Strafe und andere Negativreize – wie anschreien, an der Leine zerren, an der Leine rucken oder den Hund packen und irgendwo vorbeiziehen – sind der Angst nur zuträglich und können massiv dazu beitragen, dass Probleme vermehrt entstehen. Wichtig ist also: In angstbehafteten Situationen **niemals** Verhalten erzwingen!

Versuchen Sie, Ihren Welpen freundlich und entspannt zu motivieren, mit Ihnen mitzukommen. Sie können zum Beispiel eine motivierende Aufforderung versuchen oder für erste mutige Schritte loben und belohnen. Wenn Ihr Welpe freiwillig mitkommt, so ist dies genau das Verhalten, das Sie belohnen wollen. Freuen Sie sich, wenn er Vertrauen zeigt und sich auf Sie verlässt.

Häufig ist eine Prophylaxe von Angststörungen durch Habituation und Sozialisierung jedoch nicht mehr möglich.

Grundlagen der Therapie:

- häufiges Wahrnehmen und Belohnen von ruhigem, entspanntem Verhalten, Fördern von Entspannung und Konzentration, sooft es möglich ist
- häufiges Training von kleinen Tricks und einfachen Signalen in entspannter Stimmung und sicherer Umgebung auf Belohnungsbasis
- Training wichtiger Handwerkszeuge für Angstmomente
- Beschäftigung, Bewegung, Entspannung
- Nähe und Sicherheit, Rituale
- Anbieten von Auswegen und Lösungsmöglichkeiten für den Hund in kritischen Situationen, unterstützen und helfen, eigene Schritte zu unternehmen
- Einsatz von kleinen, möglichst weichen und (für den Hund!) sehr schmackhaften Belohnungen → aktiviert das parasympathische Nervensystem, das generell beruhigende Wirkung hat

- Spielzeug und Rennen aktiviert das sympathische Nervensystem (= Adrenalin), ein aufgeregter Hund wird vermutlich noch aufgeregter werden und lernt nicht gut
- Spielzeugeinsatz ist für Situationen, in denen Ihr Hund schnell reagieren soll, in Ordnung, beispielsweise für eine rasche Kehrtwendung oder einen Rückruf.
- Langsames und schrittweises Vorgehen – Maßstab ist immer das Verhalten des Hundes!
- In Momenten, in denen der Hund mit den Angstauslösern konfrontiert wird, ist eine starke Kontrolle der Situation nötig!

Merke: Bei Angst und Furcht niemals Verhalten erzwingen!

Merke: Für alle Trainingssituationen gilt: Kann der Hund keine Belohnungen annehmen und nicht auf Ihre Signale reagieren, so ist die Distanz zu klein oder die Intensität des Reizes zu hoch, stark, groß. Bitte brechen Sie die Situation unbedingt ab und verändern Sie die Bedingungen.

Hunde lernen, wie Menschen auch, am schnellsten, wenn sie sehr viel Erfolg haben und häufig gelobt werden. Bitte schaffen Sie Umstände, in denen Ihr Hund Erfolg haben kann und Sie trainieren können.

5.4.1 Generalisierte Ängste

Generalisierte, also allgemeine, Ängste haben ihre Wurzeln in der Regel in einer mangelhaften oder ungenügenden Sozialisierung und Habituation an Umweltreize im Zeitraum der sensiblen Phase (3. bis 12. Lebenswoche). In dieser Entwicklungsphase werden zahlreiche Nervenverknüpfungen im Gehirn ausgebildet. Diese Nervenverknüpfungen werden jedoch nur dann gezielt ausgebildet und gefestigt, wenn genügend Reize auftreten und Erfahrungen aller Art gemacht werden können. (Schöning, 2006)

Je mehr Nervenverbindungen ausgebildet werden, desto leistungsfähiger ist das Gehirn. Hierbei ist „milder" Stress förderlich, das heißt, ein in Zuckerwatte gepackter Welpe, dem jeder Wunsch von den Augen abgelesen wird, muss sich nicht auf wechselnde Bedingungen einstellen und muss nicht lernen, mit Frustration und Misserfolg umzugehen. Die Ausbildung von Frustrationstoleranz ist jedoch sehr wichtig.

Zudem sollte der Hund in diesem Zeitrahmen alles kennenlernen, was ihm im späteren Leben begegnet. Er muss Fertigkeiten entwickeln, mit Reizen aus der belebten und unbelebten Umwelt umzugehen und angemessen zu reagieren. Dies passiert vornehmlich während der sensiblen Phase – hier wird besonders leicht, offen und unbefangen gelernt. In späterem Alter muss großer Aufwand betrieben werden, falls diese Lernprozesse und Nervenverbindungen fehlen.

Generalisierte Ängste beruhen in der Regel auf fehlenden Erfahrungen. Konkrete Auslöser für die Ängstlichkeit des Hundes fehlen, das Tier ist generell immer schreckhaft, vorsichtig, unsicher – es braucht Ihre Hilfe und Unterstützung!

Häufig findet man, da generalisierte Ängste ein chronisches Problem darstellen, Folgeerkrankungen (Unruhe, Nervosität, Stereotypien, Zwangsverhalten wie z.B. Leckdermatitis). Bitte suchen Sie einen Spezialisten auf, die Therapie generalisierter Ängste gestaltet sich oft schwierig und ist manchmal sogar ohne Medikation kaum zu bewerkstelligen.

Aus der Toolbox sind hilfreich:

- Markersignal (3.1)
- Blitzwendung – Wir gehen! (3.5)
- Zeigen und Benennen (3.6)
- Überschreiben und Überlagern von Erregung (3.7)
- Entspannung (3.8)
- Target/Handtarget (3.9) – sehr wichtig bei ängstlichen Hunden, insbesondere das Gehen am Handtarget!
- Alternativverhalten (3.10)
- Distanzvergrößerung (3.11)

zusätzliches Training von:

- Fußgehen mit Blick zu Ihnen (Alternativverhalten 3.10)
- Seitenwechsel (über Target/Handtarget 3.9)
- Ansehen auf Signal (entspricht dem freundlichen Verhaltensabbruch auf Signal 3.2)
- Hinter Ihnen gehen (über Target/Handtarget 3.9 aufzubauen)

Sie sollten diese Signale zunächst ohne Ablenkung an verschiedenen Orten und in verschiedenen Situationen üben, bis Ihr Hund problemlos in der Lage ist, diese Signale umzusetzen. Sie sollten im täglichen Training einen besonders hohen Stellenwert bekommen und gut belohnt werden. Im weiteren Trainingsverlauf erhöhen Sie die Ablenkung (bitte langsam und schrittweise) und üben diese Signale auch in schwierigeren Situationen.

Für das eigentliche Training nähern Sie sich aus großer Entfernung an bedrohliche Hunde, Personen oder Objekte an und versuchen, die Signale einzusetzen, insbesondere das Zeigen und Benennen.

Merke: Einzig und alleine das Verhalten Ihres Hundes ist der Maßstab dafür, ob eine Situation für ihn tragbar ist.

Sind Sie zu schnell vorgegangen, sollten Sie die Übung neutral abbrechen und für mehr Distanz sorgen. Verlassen Sie die Situation – sie würde Ihren Hund überfordern. Versuchen Sie es in größerem Abstand oder mit veränderten Bedingungen neu.

Falls Ihr Hund das Alternativverhalten umsetzen kann, so können Sie im Laufe vieler Übungseinheiten immer näher an Bedrohliches herangehen und später sogar daran vorbeigehen.

hilfreiches Beiwerk:

- Futtersuche auf Signal (als konzentrationsintensives Alternativverhalten)
- Kleine Tricks und Übungen, die rein auf positiver Verstärkung aufgebaut sind (so dass die Übung an sich bereits für eine freudige und entspannte Grundstimmung sorgt)
- Bleib-Übungen zur Verbesserung der Impulskontrolle
- Kleine, leicht zu bewältigende „Mutproben“, um das Selbstbewusstsein zu fördern: z.B. über Baumstämme klettern etc.
- In kritischen Situationen niemals stehen bleiben, sondern im Bogen weggehen oder umdrehen (Adrenalin wirkt; Adrenalin ist für das Flüchten da. Wenn Sie stehen bleiben, so zwingen Sie Ihren Hund, unter vorgehaltener „Waffe“ eine Situation durchzustehen. Bitte immer wegbewegen oder zumindest in großem Bogen vorbeigehen).
- Bewegungsloses In-der-Situation-bleiben, in der Hoffnung, der Hund würde sich entspannen, entspricht einer so genannten Flooding-Technik. Der Hund entspannt sich nicht, sondern er kann nicht mehr reagieren, weil er so erschöpft ist und er wird dabei **nichts** lernen.
- souveränes und entspanntes Gehen mit dem Hund sollte häufig ohne Reize geübt werden, die Ablenkung sollte schrittweise gesteigert werden! Aufrechte Haltung, Atmung nicht vergessen, Fixpunkt sowie „mentale Aufgabe“ beachten (siehe auch Kapitel 4).

- Zur Dämpfung erhöhter Erregungslagen eignen sich immer auch einfache, häufig geübte Gehorsamskommandos; Abstand schaffen, weggehen und kleine Kommandos üben, z.B. Sitz, Fuß, Stopp etc. Bitte auf Belohnungsbasis arbeiten.
- **Sichern** Sie Ihren Hund immer, damit er nicht in Panik davonläuft!

Futtersuche auf Signal hilft Ihrem Hund, sich nach einer beängstigenden Situation zu beruhigen

Wie bereits unter 5.4 erwähnt, sollten Sie zusätzlich folgende Punkte berücksichtigen:

- häufiges Wahrnehmen und Belohnen von ruhigem, entspanntem Verhalten, Fördern von Entspannung und Konzentration, sooft es möglich ist
- häufiges Training von kleinen Tricks und einfachen Signalen in entspannter Stimmung und sicherer Umgebung auf Belohnungsbasis
- Training wichtiger Handwerkszeuge für Angstmomente
- Beschäftigung, Bewegung, Entspannung
- Nähe und Sicherheit, Rituale

- Anbieten von Auswegen und Lösungsmöglichkeiten für den Hund in kritischen Situationen; helfen Sie Ihrem Hund dabei, eigene Schritte zu unternehmen.
- Einsatz von kleinen, möglichst weichen und (für den Hund!) sehr schmackhaften Belohnungen → aktiviert das parasympathische Nervensystem, welches generell beruhigende Wirkung hat

Vielen Hunden ist durch den Einsatz eines Thundershirts[30] (ein spezielles Kleidungsstück für Hunde) oder auch durch Tellington Touch-Übungen[31] sehr geholfen.

Merke: Langsames und schrittweises Vorgehen ist wichtig – Maßstab ist immer das Verhalten des Hundes!

Merke: Bei Angst und Furcht niemals Verhalten erzwingen!

5.4.2 Trennungsstress mit Angst

Diagnostische Hinweise:

- der Hund wird zunehmend unruhig, er zittert, geht umher, zeigt Anzeichen von aufsteigender Panik, je näher der Zeitpunkt rückt, an dem die Bezugsperson das Haus verlassen wird.
- diese Anzeichen für Angst bleiben bestehen, wenn der Besitzer das Haus verlassen hat, die Reaktionen sind innerhalb der ersten 30 Minuten am schlimmsten.
- phasenweise treten Bellen, Jaulen und Heulen, Zerstörungswut und in Extremfällen Unsauberkeit auf; sie können gleichzeitig, aber auch einzeln auftreten.
- der Hund beendet das Bellen und Jaulen oder das Zernagen von Gegenständen erst, wenn er sehr erschöpft ist, bleibt aber extrem ängstlich und gestresst.
- Keine Beruhigung, wenn der Hund alleine gelassen wird (Videokamera!), große Unruhe

---

[30] Das Thundershirt soll durch den konstanten, sanften Druck das autonome Nervensystem beruhigen und basiert auf den Untersuchungen von Temple Grandin. Es kann insbesondere bei angstbasierten Verhaltensweisen eingesetzt werden (www.thundershirt.com).

[31] Linda Tellington-Jones entwickelte die TTouch- bzw. TTEAM-Methode: Sie basiert auf einer Kombination von Berührungen, Bodenarbeit und Wickeltechnik. Die TTouches, spezielle Berührungen und Massagetechniken, sollen ebenfalls unter anderem Spannungen lösen und nervöse Reaktionen beeinflussen können.

- Die Hauptbezugsperson wird häufig auf Schritt und Tritt „verfolgt“. Insbesondere dann, wenn sie den Anschein erweckt, bald das Haus zu verlassen. Die Hunde zeigen Tendenzen, ständig Körperkontakt oder Nähe zu besagter Person zu halten, auch in weniger stressreichen Situationen.
- Stress, wenn diese Person weg ist, auch bei Anwesenheit anderer Personen
- Übermäßiges und ausuferndes Begrüßen bei Rückkehr, sogar bei sehr kurzer Abwesenheit
- Zerstörung gegen die Ausgänge gerichtet (Türen, Terrassentüren, Türrahmen), durch die der Besitzer das Haus verlassen hat.
- Übermäßiges Speicheln, Harn- und Kotabsatz bei Abwesenheit der Bezugsperson
- Bellen, jaulen, heulen, winseln
- Anorexie, d. h., die Hunde können während der Abwesenheit der Besitzer kein Futter aufnehmen
- Häufig gleichzeitige (unbedingt therapiebedürftige) Geräuschangst

Ursachen:

Zur Entwicklung von Trennungsstress kann es kommen, wenn Welpen zu früh, aber auch wenn sie zu spät von der Mutter getrennt werden. Soziale Isolation in den ersten vier Lebensmonaten kann die Entstehung einer Trennungspanik ebenfalls begünstigen.
Vor allem aber begünstigen folgende Faktoren das Entstehen von Trennungsstress: Tierheimaufenthalte, Besitzerwechsel, große Veränderungen, längere Anwesenheit des Besitzers wegen Krankheit und dann erneute Berufstätigkeit, Krankheiten des Hundes mit längerer Pflegedauer, Umzüge, Zeitreduktion, Traumata, mangelnde Gewöhnung an das Alleinsein, Abwesenheit eines Familienmitgliedes, Hinzukommen eines neuen Familienmitgliedes, altersbedingte Ausfälle (Demenz) und die Zugehörigkeit zu Rassen, die auf enge Zusammenarbeit mit einer Person gezüchtet wurden.

Häufig sind ältere Tiere mit einem längeren „Leidensweg“ aus dem Tierheim oder Hunde mit häufigem Besitzerwechsel in der Vergangenheit von Trennungspanik betroffen.

Prophylaxe: schrittweises und entspanntes Training bereits beim Welpen.

Wichtiges:

In der Regel ist eine spezielle Person das Ziel der übermäßigen Anhänglichkeit. Die Hunde sind im Vergleich zu Hunden ohne Trennungsproblemen nicht in der Lage, die Rückversicherung aus ihrer Umgebung zu beziehen. Sie fühlen sich z.B. in einem gemütlichen, gewohnten Körbchen **nicht** sicher und geborgen, wenn niemand da ist.

Deutlich wird meist auch eine antrainierte Assoziation mit verschiedenen Signalen, die ankündigen, dass die Bezugsperson im Begriff ist, die Wohnung zu verlassen. Diese Signale lösen Panik und körperliche Angstreaktionen, wie Hecheln, Speicheln, Unruhe, Herumlaufen und Anorexie aus, in Extremfällen bis zu Erbrechen, Durchfall oder Unsauberkeit.

Für eine gezielte Therapie ist es wichtig, dass Sie **alle verfügbaren Informationen sammeln**. Vielleicht können Sie Videoaufnahmen/Tonbandaufnahmen von Ihrem Hund anfertigen, wenn er alleine ist. Bitte führen Sie Aufzeichnungen über den Zeitpunkt, an dem bei Ihrem Hund die Unruhe einsetzt, bevor Sie losgehen. Was genau löst seine Reaktion aus? Die Jacke, die Schuhe, die Tasche, das Öffnen des Schrankes? Der Wecker am Morgen? Die Dusche? Der Fön? Die Kaffeemaschine? Der Automotor? Wann genau ist der Höhepunkt der Trennungsreaktion erreicht? Wann wird der Hund wieder ruhiger? Auf welche Außenreize reagiert er (z.B. Nachbarn im Treppenhaus, Autotüren etc.)? Spielt oder frisst Ihr Hund während Ihrer Abwesenheit? Beruhigt Ihn ein getragenes T-Shirt von Ihnen, wenn Sie weg sind? All diese Notizen sind sehr wichtig und hilfreich! Anhand von Videoaufzeichnungen kann sehr viel über die Situation und das Ausmaß der Panik in Erfahrung gebracht werden.

Therapie

Merke: Suchen Sie sich bei Trennungsproblemen unbedingt fachliche Unterstützung – sie sind alleine und ohne extrem strukturiertes Training kaum zu bewältigen!

In schweren Fällen ist eine medikamentöse Unterstützung angebracht, um ein Lernen überhaupt erst möglich zu machen.

Ziel des Trainings ist es, Ihrem Hund beizubringen, dass er sich Ihrer Rückkehr sicher sein kann. Er lernt schrittweise, dass er nur eine Zeit lang von Ihnen getrennt ist und dass Sie auf jeden Fall zurückkommen. Ruhiges Warten soll das Verhalten werden, das Ihrem Hund hilft, die Situation zu meistern. Gleichzeitig lernt er einen sicheren Rückzugsort kennen, an dem er entspannt bleiben kann.

Bitte beachten Sie, alle Zerstörungen oder Verunreinigungen zu ignorieren. Bitte **strafen Sie** Ihren Hund **nicht**. Er kann sich nicht kontrollieren und handelt nicht auf diese Weise, um Sie zu verärgern.

Hunde mit Trennungsproblemen sind oft generell ängstlich, daher sollten Sie bei jeder sich bietenden Gelegenheit entspanntes, positiv verstärkendes Training durchführen. Das entspannte Verhalten muss auf den Alltag übertragen werden. Clickern Sie, trainieren Sie Tricks oder Alltagssignale und machen Sie Ihren Hund ein wenig selbstbewusster!

Spannen Sie hin und wieder für Pflege, Fütterung, Spiel- und Streicheleinheiten Familienmitglieder, Freunde und Bekannte ein. Lassen Sie Hilfspersonen mit Ihrem Hund arbeiten.

Testen Sie außerdem in kurzen Einheiten, ob Ihr Hund es mit einem gefüllten Kong[32] kurze Zeit ohne Sie aushalten kann. Testen Sie vorsichtig und bleiben Sie nicht zu lange weg, sonst nimmt Ihr Hund den Kong nicht mehr an. Geben Sie den Kong auch, wenn Sie anwesend sind, sonst entsteht eine Assoziation mit dem Weggehen!

Ihr Hund darf so viel Aufmerksamkeit bekommen, wie Sie möchten, vorausgesetzt, er bekommt sie vornehmlich dann, wenn er **entspannt** ist! Flechten Sie kleine Trainingseinheiten von Sitz, Platz und Bleib-Signalen ein. Leiten Sie „klammerndes" Verhalten entweder in entspanntes Training um (Bleib-Übungen) oder sorgen Sie für Verzögerungen: z.B. Raum verlassen, Kindergitter, Türen kurzfristig schließen. Bleiben Sie aber nicht zu lange weg und arbeiten Sie in dieser Phase noch nicht an realen Trennungen.

Führen Sie außerdem keine übersteigerten Begrüßungs- und Abschiedsrituale mehr durch. Sie können Ihren Hund sanft und ruhig begrüßen, aber bleiben Sie eher neutral. Betreten Sie die Wohnung, sagen Sie kurz „hallo", legen Sie zuerst ab und geben Sie Ihrem Hund die Chance, sich ein wenig zu beruhigen. Erst, wenn er nicht mehr ganz aus dem „Häuschen" ist, können Sie ihn ausführlicher begrüßen. Bitte achten Sie auf eine ruhige Stimmung und darauf, dass Ihr Hund nicht stark aufgeregt ist, sondern alle vier Pfoten auf dem Boden sind. Bitte verabschieden Sie sich nicht

[32] Ein unzerstörbares Spielzeug, welches sehr gut mit Futter befüllt werden kann und die Hunde durch die nur kleine Öffnung sehr lange beschäftigt hält.

aufgeregt oder in Trauerstimmung, ein neutrales „Tschüss, bis nachher" ist völlig ausreichend.

Führen Sie bei starken Reaktionen auf „Schlüsselreize", die ankündigen, dass Sie das Haus verlassen, eine **Desensibilisierung** durch.

Meist sind das Aufnehmen der Schlüssel, das Anziehen von Jacke und Schuhen, das Aufnehmen der Handtasche und auch der Griff zur Türklinke ganz klassische Schlüsselreize. Vielleicht konnten Sie aber anhand Ihrer Liste auch andere Signalreize herausfinden, die Ihren Hund sehr aufgeregt und unruhig werden lassen.

Im Training nehmen Sie mehrfach täglich die Schlüssel auf, legen sie wieder hin, ziehen sich Ihre Jacke und Schuhe an, nehmen Ihre Tasche, gehen zur Türe, bleiben aber dann in der Wohnung oder setzen sich angekleidet hin und lesen Zeitung. Hunde, die sehr stark reagieren, sollten zuerst mit einzelnen Reizen konfrontiert werden, bevor diese zusammengefügt werden.

Wenn Sie feststellen können, dass Ihr Hund nicht mehr so stark auf Signalreize reagiert, können Sie die Schlüsselreize mit etwas Angenehmem oder Beruhigendem koppeln, zum Beispiel Fütterung.

Übung: Sie ziehen sich erst an und füttern Ihren Hund, ohne das Haus zu verlassen. Führen Sie diese Übung erst durch, wenn **keine Reaktion** auf die Schlüsselreize mehr auftritt.

Zweck dieser Übungen: Es soll Ihrem Hund egal werden, ob Sie z. B. die Schlüssel nehmen oder nicht. Üben Sie so lange, bis keine Reaktion mehr auftritt.

Aufbau eines Sicherheitssignals (konditionierte Hemmung):

Das Sicherheitssignal dient dazu, dem Hund für die Übungseinheiten eine entspannte Grundstimmung zu verschaffen und Rückschläge im Training zu verhindern, wenn man außerplanmäßig weggehen muss.
Das Sicherheitssignal wird **nur** in Übungen und nie im Ernstfall, also wenn Sie wirklich weggehen müssen, angewendet. Ein Sicherheitssignal kann das angeschaltete Radio sein, ein auffälliger Hut oder ein bestimmtes Tuch, das Sie in den Übungseinheiten tragen. Schalten Sie das Radio nach der Übungseinheit wieder aus und nutzen Sie es nicht als Sicherheitssignal, wenn Sie wirklich weggehen! Mithilfe der Sicherheitssignale kann Ihr Hund leichter das richtige Verhalten zeigen. Entscheiden Sie sich für ein Signal und nehmen Sie immer dasselbe. Wenn Sie z. B.

einen bestimmten Hut tragen, so sollten Sie währenddessen nicht auf Ihren Hund eingehen. Dies bedeutet, dass Sie nicht stets auf den Hund sehen, sondern sich so verhalten sollten, als würden Sie Ihrem normalen häuslichen Tagesgeschäft nachgehen – die Phasen, in denen Sie den Hund ruhen lassen oder sich nicht stets mit ihm beschäftigen. Sie verhalten sich sehr neutral.

Üben Sie täglich zunächst in mehreren kurzen Einheiten. Das Sicherheitssignal sollte immer deutlich eingesetzt werden.

Beispiel „spezieller Hut": **Vor** allen weiteren Übungsschritten sollten Sie zuerst immer den Hut aufsetzen. Wichtig ist der leicht übertriebene Einsatz zu Beginn der Weggeh-Übungen. Ihr Hund muss diesen Hut gut wahrnehmen. Er soll ein Signal für die Übungen werden, so dass Ihr Hund entspannen kann, denn Sie kommen gleich wieder. Wenn Sie den Hut tragen, so sollten Sie währenddessen nicht großartig auf Ihren Hund eingehen. Üben Sie täglich zunächst für mehrere kurze Einheiten dem Hund mit Hut gekleidet einen Kong zu geben, die Türe zu schließen und sich z.B. ins Wohnzimmer zu setzen. Eine bis fünf Minuten, später durchaus länger. Zu Beginn können Sie sich einfach mit Hut hinsetzen und nicht auf den Hund reagieren; später kombinieren Sie das Ganze mit dem Ankleiden und in der Wohnung bleiben. Zu einem späteren Zeitpunkt wird das Sicherheitssignal bei Übungen eingesetzt, bei denen Sie die Wohnung verlassen.

Anmerkung: Es kann diskutiert werden, ob eine konditionierte Hemmung bzw. der Aufbau eines Sicherheitssignals nur sinnvoll ist, wenn man das Signal einsetzt, falls tatsächlich das Haus verlassen werden muss. Dies ist auch möglich. Ich praktiziere jedoch gerne die Variante „kein Sicherheitssignal im Ernstfall, nur bei Übungen", da ich das Signal somit häufiger einsetzen und trainieren kann. In beiden Fällen soll verhindert werden, dass es Trainingsrückschläge gibt, wenn außer der Zeit oder länger als normal weggegangen werden muss.

Bei manchen Hunden ist es sinnvoll, zu trainieren, dass sie in einem Raum auf Ihre Rückkehr warten. Dies könnte der Raum sein, in dem der Hund sowieso ruht, denn dort hat er eine positive Verbindung und kann sich leichter entspannen. Bringen Sie Ihren Hund zu Übungszwecken mehrmals täglich in diesen Raum, ohne dass Sie danach das Haus verlassen. Ihr Hund soll lernen, sich zu entspannen, wenn er keinen direkten Kontakt zu Ihnen hat.

Trainieren Sie im Raum ein Sitz-bleib oder Platz-bleib und gehen Sie in Richtung der Zimmertüre, aber nicht hinaus. Gehen Sie zurück, loben Sie Ihren Hund und belohnen ihn. In den nächsten Schritten gehen Sie durch die Türe und wieder zurück. Nach einigen Tagen durch die Türe, später kurz außer Sicht und zurück, dann lehnen Sie die Türe an. In den nächsten Schritten können Sie versuchen, die Türe zu schließen. Kehren Sie nach unterschiedlichen Zeitabständen wieder zurück und loben und belohnen Sie Ihren Hund, wenn er ruhig geblieben ist.

Bestücken Sie den Ruheplatz mit Kaustangen, Spielzeug und Dingen, die Ihr Hund gerne mag. So hat er die Möglichkeit, sich die Zeit zu vertreiben. Vielleicht klappt dieses Training ja auch, während Sie fernsehen: Ihr Hund bleibt auf dem Platz und liegt nicht in unmittelbarer Nähe zu Ihnen.

Bei gutem Vorankommen sollten Sie das Bleiben auch an der Haustüre üben, dabei sollte Ihr Hund Sie anfangs sehen können. Das Training sollte stufenweise aufgebaut werden. Sie gehen zur Türe und zurück, Sie greifen die Klinke und gehen zurück, Sie öffnen die Türe und gehen zurück etc. Nach jedem Durchgang loben und belohnen Sie Ihren Hund. Bei diesen Übungen sollten Sie darauf achten, dass Ihr Hund nicht in Panik gerät. Steigern Sie die Anforderungen nur langsam!

Gewöhnen Sie Ihren Hund nun zunächst an kurze, später immer länger werdende Abstände, in denen er alleine ist. Sie sollten nicht so lange den Raum oder später die Wohnung verlassen, bis Ihr Hund panisch ist. Zu Beginn genügen einige Minuten bei geöffneter, bei gutem Vorankommen dann hinter geschlossener Haustüre. Gehen Sie immer langsam vor.
Gerät Ihr Hund in Panik, haben Sie die Zeitabstände zu schnell gesteigert. Sie sollten nur solche Zeitspannen wählen, in denen Ihr Hund ruhig bleiben und fressen kann, nicht an der Türe kratzt und nicht winselt. Versuchen Sie im Trainingsverlauf, Ihre einzelnen Untereinheiten mehrere Male hintereinander durchzuführen und die Wohnung zu verlassen. Das Training sollte möglichst realistisch sein. Sie verhalten sich so, als würden Sie wirklich weggehen, setzen das **Sicherheitssignal** ein, kleiden sich an, nehmen Schlüssel und Tasche und verlassen die Wohnung. Wenn Ihr Hund ruhig bleiben kann, können Sie die Zeitspannen ausdehnen. Achten Sie hierbei darauf, die Dauer immer ein wenig zu variieren. Knüpfen Sie mehrere Einheiten hintereinander und trainieren Sie für längere Zeit pro Übungszyklus! Gut wären 20 bis 30 Minuten pro Übungsreihe mit vielen einzelnen Einheiten, je nachdem, wie gut sich Ihr Hund konzentrieren kann und wie ruhig er bleibt.

Trainieren Sie unbedingt auch an den Wochenenden. Wenn Sie ausschließlich unter der Woche üben, erschwert dies das Lernen für Ihren Hund.

Fertigen Sie Trainingsnotizen an, um eine Kontrolle über die Fortschritte zu haben. Notieren Sie Übungstag, Anzahl der Übungseinheiten, Tageszeit, Häufigkeit der Übungen, Dauer der Übungen und auch die Reaktionen Ihres Hundes.

Achtung: Das Training läuft falsch, wenn Ihr Hund verstärkt Ihre Bewegungen beobachten sollte, verstärkt Nähe und Körperkontakt sucht, unfähig ist, sich zwischen den einzelnen Übungseinheiten innerhalb einer Trainingseinheit zu beruhigen und wenn Sie sich immer weniger ohne ein Nachfolgen Ihres Hundes bewegen können. Wenn die Übungen in dieser Form weitergeführt werden, wird es zu einer Verschlimmerung des Problems kommen –suchen Sie in diesem Fall unbedingt fachliche Hilfe.

5.4.3 Geräuschängste

Die Geräuschphobie ist eine der häufigsten Phobien bei Hunden. Es entwickelt sich eine extreme Geräuschempfindlichkeit, die sich schnell verselbstständigt und auch auf andere Reize als den ursprünglichen Auslöser hin gezeigt wird. Die meisten Hunde mit Geräuschängsten reagieren auf Silvesterböller und Knallgeräusche, aber auch auf Gewitter.

Geräuschängste haben ihren Ursprung in der Regel im frühen Welpenalter, es wird eine gewisse Erblichkeit (Lindsay, 2005) bzw. rassetypische Häufung (Hütehunde) angenommen. Oft beruhen die Probleme auf einer mangelnden Gewöhnung an Geräusche in der dritten bis zwölften Lebenswoche. Welpen, die im Schuppen oder im Garten auf einem Bauernhof auf dem Lande groß werden, haben häufig vor Geräuschen Angst, weil sie in der sensiblen Phase nicht vorsichtig damit konfrontiert wurden.

Es ist individuell unterschiedlich, auf welche Geräusche der Hund reagiert; dies hängt von seinen speziellen Lernerfahrungen ab. In der Regel erschrickt der Hund sehr, wenn er das Geräusch zum ersten Mal hört. Auf diese extreme Schrecksituation hin kann sich über eine klassische Konditionierung eine Phobie entwickeln. Eine Geräuschangst kann aber auch bei Hunden auftreten, die das Geräusch bereits kennen und plötzlich in Furcht geraten, wenn sie es in einem anderen Zusammenhang oder in anderer Stimmung wahrnehmen.

Diagnostische Kriterien zur Klassifizierung einer Geräuschphobie beinhalten plötzliche und tiefgreifende, nicht abgestufte und extreme Reaktionen auf Geräusche. Die

Symptome stellen sich als extremes Meideverhalten bis hin zu Fluchtreaktionen mit Verletzungsgefahr dar. Häufig zeigt sich eine intensive Kontaktsuche zum Besitzer. Deutlich werden die Anzeichen als Katatonie (Erstarren), kopflose Fluchtreaktionen, extremes Meideverhalten, extreme Angstreaktionen und/oder reduzierte Empfindlichkeit für Schmerzen oder soziale Reize, wobei nicht alle Reaktionen gleichzeitig auftreten müssen.

Zusätzlich können immer neurovegetative Symptome beobachtet werden, wie beispielsweise beschleunigter Herzschlag, hecheln, Speichelfluss, Unruhe, erweiterte Pupillen, Erbrechen, Durchfall, beschleunigte Atmung, unwillkürlicher Harn- und Kotabsatz oder Entleeren der Analbeutel. In diesen Zeiten können die Hunde nicht fressen.

Auch einmalige Traumatisierungen können ausreichen, um einen Hund, der bisher nicht empfindlich war, plötzlich durch Überschreiten der Reaktionsschwelle zu sensibilisieren. Alle diese Faktoren können dazu führen, dass Hunde scheinbar innerhalb eines kurzen Zeitraumes starke Reaktionen auf Geräusche zeigen. Es kann auch hier zu einer Fixierung bis hin zur Angststörung kommen, da die Situation für den Hund prinzipiell ausweglos scheint – er kann nichts gegen die Geräusche tun und ihnen nicht entkommen.

Besonderheit Jahreswechsel: Silvesterböller sind besonderes unvorhersehbar für Hunde, weil sie immer wieder aus unterschiedlichen Richtungen, unterschiedlicher Entfernung und in unterschiedlicher Lautstärke wahrgenommen werden. Die unvorhersehbare Richtung und Lautstärke und das Wandern der Furcht auslösenden Geräuschquellen an Silvester, aber auch bei Gewittern ist somit besonders problemverstärkend.

Prophylaxe: frühzeitiges, sanftes und schrittweises Training bereits beim Welpen; Welpengruppe; beim Züchter sanfte Konfrontation mit verschiedensten Geräuschen, insbesondere in den Wochen 3 bis 5.

Therapie

Merke: Manche Fälle von Geräuschphobien können nicht geheilt werden, es ist aber bei allen Formen eine deutliche Besserung der Problematik möglich.

Merke: Auch bei Geräuschphobien ist eine Begleitung durch einen tierärztlichen Verhaltensspezialisten sinnvoll.

Geräuschphobien und Trennungspanik sind Krankheitsbilder, bei denen der größte Effekt durch eine Kombination von Medikation und verhaltensmodifizierenden Übungen erreicht werden kann. Suchen Sie dafür einen Spezialisten auf!

Management-Maßnahmen

- Geräuschempfindliche Hunde sollten immer doppelt gesichert ausgeführt werden.
- Geräuschempfindliche Hunde sollten immer Rückzugsmöglichkeiten und sichere Orte zum Verkriechen haben.
- Geräuschempfindliche Hunde sollten immer Unterstützung und Beistand von ihren Besitzern bekommen.
- Der Hund sollte nicht wortstark bedauert werden, man sollte aber unbedingt für den Hund da sein und z. B. ruhige Berührungen und andere Aktionen der sozialen Unterstützung anbieten. Dabei sollte man selbst einen möglichst gelassenen und entspannten Eindruck vermitteln. Ihr Hund darf jederzeit in Ihre Nähe kommen und auch engen Körperkontakt suchen – er sollte diesen dann auch erhalten! Keine Sorge, durch soziale Unterstützung und Berührungen steigern Sie die Angst des Hundes nicht!

Silvester–Management:

Für den Silvesterabend sollte für manche Hunde ein „Panic-Room“ eingerichtet werden. Hierzu wird das Zimmer im Haus gewählt, das am wenigsten von Außengeräuschen erreicht wird. Dies kann ein kleiner Raum sein, bei dem die Rollos heruntergelassen werden sollten. In diesem Raum kann ein Radio oder Fernseher angeschaltet werden. So kann der Höhepunkt des Feuerwerks über zirka 45 Minuten überbrückt werden.

Zusätzlich ist zu empfehlen, die Box des Hundes entsprechend zu präparieren, um diese an Silvester als Rückzugszone zu benutzen. Viele Hunde lieben höhlenartige Plätze und Orte, an denen sie sich verkriechen können. Schwere Möbel und Decken sind in der Lage, Geräusche zu dämmen. Es kann auch eine Art Holzkiste gebaut werden, die mit Teppich umhüllt wird. Wenn man den Kopf in die Kiste steckt und dann von außen dagegen klopft, sollte das Geräusch nur dumpf zu hören sein. Dann ist die Kiste richtig ausgestattet. Hallt es oder treten unerwünschte Resonanzen auf, muss die Kiste auch innen ausgekleidet werden. Es kann auch ein Teppich über die Box gelegt werden.

In den Tagen vor Silvester und am Silvesterabend selbst sollte Ihr Hund nur angeleint nach draußen dürfen, um zu verhindern, dass er in einer Angstreaktion panisch wegläuft. Es ist zudem gut vertretbar, dass Hunde mit starken Ängsten am 31.12. nur in den Garten gelassen werden, um sich zu lösen, bzw. nur kurz um den Block ausgeführt werden.

Desensibilisierung/Gegenkonditionierung gegenüber Geräuschen

Geräuschängste generalisieren (verallgemeinern) sich sehr schnell, deshalb ist es besonders wichtig, im Training nur in kleinsten, wohlüberlegten Schritten vorzugehen, da ein zu schnelles Vorgehen die Problematik extrem verschlimmern kann.

Es ist wichtig, beim eigenen Hund die **Anzeichen** zu erkennen, die deutlich machen, dass der Hund wegen eines Geräusches oder in Erwartung eines Geräusches in Aufregung verfällt. Überlegen Sie genau, woran Sie erkennen können, dass es gleich „losgeht“. Hier ist es wichtig, Ihren Hund rechtzeitig **aus** der Situation zu führen, bevor starke Aufregung aufkommt.

Vermeiden Sie, Ihren Hund **außerhalb** des Trainings mit Reizen zu konfrontieren, die die Geräuschreaktion auslösen. Dies ist nicht immer möglich, aber zuerst sollten Sie zu Hause kontrolliert üben, bevor Sie wieder in eine geräuschreichere Umgebung gehen können.

Zu Trainingszwecken ist eine Geräusch-CD sinnvoll. Die Geräusche sollten in einer Lautstärke und Entfernung zum Hund abgespielt werden, die Ihren Hund noch nicht aufregt. Stellen Sie die Lautstärke so ein, dass Ihr Hund die Geräusche wahrnehmen kann, aber noch entspannt bleibt. Es kann gut sein, dass Ihr Hund die Geräusche hört, Sie selbst aber noch gar nichts wahrnehmen können. Achten Sie auf seinen Ausdruck und gehen Sie ganz behutsam vor.

Bedenken Sie, dass sich die Geräuschangst verschlimmert, wenn Sie zu laut einsteigen oder zu schnell vorgehen. Sollte Ihr Hund selbst bei der geringsten Einstellung problematische Reaktionen zeigen, so empfiehlt es sich, z. B. nur eine Lautsprecherbox einzustecken oder eventuell mit einer Decke abzudecken oder die Höhen bzw. Tiefen in der Einstellung zu verändern. Lassen Sie eventuell auch die Türen geöffnet und üben Sie nicht in einem zu kleinen Raum! Im Idealfall beginnen Sie mit den Geräuschübungen so, dass die Geräusche aus einem anderen Zimmer abgespielt werden und zu Anfang nicht im selben Raum laufen.

Während die Geräusche sehr leise und in sicherer Entfernung abgespielt werden, sollten Sie Ihren Hund generell für ruhiges, gelassenes Verhalten „fürstlich“ belohnen. Sie können kleine, vorher eintrainierte Übungen und Tricks durchführen, die gut belohnt werden, oder das Entspannungssignal (siehe 3.8) anwenden. Wenn Ihr Hund ruhig bleibt, füttern Sie ihn mit besonderen Leckereien oder versuchen Sie ein entspanntes, fröhliches Futtersuchspiel als konzentrationsintensives Alternativverhalten.

Bedenken Sie, dass sich das Training über mehrere Wochen, besser Monate hin ausdehnen soll. Das Hauptaugenmerk muss auf der Stimmung Ihres Hundes liegen. Wenn er ängstlich oder nervös wird, sind Sie zu schnell vorgegangen. Hier sollten Sie unbedingt auf die vorherige Übungsstufe zurückgehen und länger auf dieser Stufe üben, bis die Lautstärke wieder gesteigert werden kann (Gefahr der Sensibilisierung).

Behalten Sie eine bestimmte Lautstärke immer über mehrere Tage bei, bis Ihr Hund diese Stufe gut aushalten kann. Erst dann können Sie die Lautstärke steigern oder die Entfernung des Geräusches verringern.

Nach Möglichkeit üben Sie drei- bis viermal täglich für zirka fünf Minuten, wenn es geht, auch öfter. Während des Trainings sollten Sie die Räume innerhalb des Hauses wechseln; es empfiehlt sich ein tragbarer CD-Player, den Sie auch einmal auf die Terrasse stellen können, so dass die Geräusche von außen hereindringen.

Bei gutem Vorankommen kann die Lautstärke vorsichtig erhöht werden oder es kann näher an die Geräuschquelle herangerückt werden. Versuchen Sie in späteren Einheiten, Ihren Hund zu Alternativverhalten zu motivieren: z.B. Kauen, Futtersuche, entspannte Übungen und Tricks, Kong mit gefrorenem Dosenfutter anbieten, Entspannungsübungen etc.

Dokumentieren Sie Ihre Übungen schriftlich (Tag, Zeitpunkt des Trainings, Dauer des Trainings, Lautstärke und Entfernung, die Reaktionen des Hundes und Ihre Trainingserfolge oder -Probleme). Dieses „Hundetagebuch“ gibt Ihnen einen guten Überblick, wie gut Sie und vor allem Ihr Hund im Training vorankommen.

Sie können die Lautstärke auch mittels eines kleinen Striches mit Bleistift oder einem abwaschbaren Stift direkt am CD-Gerät markieren. Dies verhindert, dass Sie zu schnell zu laut werden.

Hilfreiches Beiwerk:

- Entspannungssignal (3.8)
- TTouches: Hierbei handelt es sich um spezielle Berührungen, die angewendet werden können, um den Hund in entspannte Stimmung zu bringen bzw. das Ruhigwerden zu unterstützen (Linda Tellington-Jones, es gibt sehr viel Literatur!).
- Unter Umständen hilft ein so genanntes Thundershirt oder Anxiety Wrap [33] (Siehe Fußnote 28). Es gibt viele Hunde, die gut darauf ansprechen und die Wirksamkeit wurde wissenschaftlich nachgewiesen (Cottam, N., Dodman, N. (2013): The effectiveness oft he Anxiety Wrap in the treatment of canine thunderstorm phobia: an open label trial. Journal of Veterinary Behavior. Clinical Applications and Research. Vol 8 Issue 3; 154-161)
- Manche Hunde sprechen gut auf einen Adaptil-Diffusor[34] oder ein Adaptil-Halsband an. Das Anbringen eines Adaptil-Diffusors zu Hause bzw. das Anlegen eines Adaptil-Halsbandes kann helfen, Ihren Hund zu entspannen.
- Für kurzfristige Notfälle sollte der tierärztliche Verhaltensspezialist oder der Haustierarzt konsultiert werden. Unter Umständen kann unter Einsatz spezieller Medikamente ein Abspeichern des Traumas im Langzeitgedächtnis verringert werden und dem noch nicht therapierten Hund in bestimmten Situationen geholfen werden.

5.5 Unruhe und Aufregung – Überaktivität und Hyperaktivität

Definitionen:

Überaktivität ist normales Hundeverhalten, das in seiner Ausprägung und Häufigkeit störend und unangenehm für den Besitzer ist.

Bei einer echten Hyperaktivität handelt es sich um ein Krankheitsbild, es liegen neurophysiologische Veränderungen und somit eine Verhaltensstörung vor.

[33] Das Anxiety Wrap ist eine elastische Bandage, die um den Brustkorb des Hundes gewickelt wird. Die beruhigende Wirkung entspricht der eines Thundershirts (s. a. Fußnote 28).

[34] Adaptil ist ein Pheromonpräparat, für das eine angstlindernde und entspannenende Wirkung nachgewiesen wurde. Das Präparat ist in Form eines Zerstäubers für die Steckdose, aber auch als Spray oder Halsband zu erwerben.

Vorkommen:

Überaktivität oder Hyperaktivität kann bei allen Hunden vorkommen. Gebrauchshunde (Jagd- und Hütehunde) zeigen häufig gesteigerte Aktivitätslevel, sehr hohe Aufmerksamkeits- und Orientierungsfähigkeit und schnelle Verhaltensanpassungen an Umweltreize. Sie müssen aufgrund ihrer Veranlagung in der Lage sein, große Gebiete schnell zu überblicken und ihre Aktivitäten sofort an die Gegebenheiten anzupassen. Sie sind im Allgemeinen leicht zu erregen und stehen unter „Strom"; sie zeigen sich oft wachsam und reaktiv. Gebrauchshunde sind oft furchtlos und impulsiv. All dies ist einer übermäßigen Aktivität natürlich zuträglich, insbesondere dann, wenn diese Hunde nicht „arbeiten".

Eine echte Hyperaktivität ist sehr selten und unterscheidet sich deutlich von einer Überaktivität.

Eine vollständige Untersuchung ist grundsätzlich notwendig, um körperliche Ursachen auszuschließen (Stoffwechsel, v.a. Glucose, Hormone (Schilddrüse), organische Erkrankungen (Leber), Allergien etc.)

Neurophysiologie:

Auf neurophysiologischer Ebene sind die Hemmungsmechanismen der Großhirnrinde unzureichend, um die Erregungen aus anderen Gehirnbereichen zu regulieren. Bei jungen Hunden müssen sich die Nervenbereiche erst organisieren. Im späteren Leben normalisiert sich das Verhalten. Sie lernen, zielgerichtet zu reagieren, und können erkennen, ob ein Verhalten gefährliche Folgen hat oder sich nicht lohnt. Bei hyperaktiven Hunden kommt es nicht zu einer regulierenden Organisation.

Eine fehlende oder reduzierte Verhaltenshemmung wird als Impulsivität bezeichnet. Grundlage ist eine Dysregulation im Serotoninstoffwechsel, oft kommt ein überempfindlicher Mandelkern hinzu. HAUG unterscheidet hierbei kognitive Impulsivität und Verhaltensimpulsivität. Die kognitive Impulsivität ist gekennzeichnet durch Schwierigkeiten, langsam zu denken, Langzeitziele anzustreben oder konkurrierendes Verhalten zu unterdrücken. Verhaltensimpulsivität bedeutet, der Hund hat Schwierigkeiten, Reizantworten, die potentiell gefährlich sind, zu unterdrücken.

Verhaltenstherapeutische Methoden, die auf der Löschung eines Verhaltens beruhen, funktionieren bei echter Hyperaktivität entsprechend nicht. Diese Hunde sind schlecht in der Lage, zu erkennen, dass ein bestimmtes Verhalten nicht zum Erfolg führt. Sie verbleiben in ihrem alten Verhaltensmuster. Entsprechende

Verhaltensalternativen müssen dem Hund freundlich und verständlich aufgezeigt werden, sie sollten sehr häufig belohnt werden. Alle Trainingsschritte müssen in sehr kleine Schritte mit sehr hoher Belohnungsrate unterteilt werden.

Diagnose:

Hyperaktivität ist gekennzeichnet durch die Unfähigkeit zur (länger andauernden) Entspannung. Auch in Abwesenheit von Stimulation ist das Tier nicht in der Lage, sich zu beruhigen oder länger zu schlafen/ruhen. Interessanterweise können bei hyperaktiven Hunden Herzschlag, Atemfrequenz und Körpertemperatur gesteigert sein, wenn die Tiere ruhen und sie sinken bei Aktivität[35]. Hyperaktive Hunde benehmen sich auch so, wenn der Besitzer abwesend ist und unabhängig von Umgebungsreizen. Alle Aktivitäten sind spontan und übermäßig, es bedarf keiner zusätzlichen Reize, um sie auszulösen. Die Handlungen und Aktionen sind oft nicht zweckgebunden und unfokussiert; ein häufiger Wechsel in der Absicht ist zu beobachten. Handlungsketten sind oft unvollständig. Hyperaktive Hunde sind sehr leicht abzulenken; auf etwas zu warten ist für diese Hunde ein nahezu unmöglicher Anspruch. Hyperaktivität/Hyperkinesis wird vom Spezialisten/verhaltensmedizinischen Tierarzt diagnostiziert. Die betroffenen Hunde sind leicht erregbar, sie bewegen sich übermäßig viel und sie verfügen über eine nur mangelhafte Lernfähigkeit und geringes Durchhaltevermögen bei Wiederholungen. Allerdings ist dieses Krankheitsbild sehr selten und *muss speziell behandelt und therapiert* werden.

Wesentlich häufiger als Hyperaktivität ist *Überaktivität* zu beobachten. Überaktive Hunde sind im Vergleich zu hyperaktiven Hunden sehr wohl in der Lage, längere Zeit zu ruhen und zu schlafen. Alle Aktivitäten sind abhängig von Umgebungsreizen und bestimmten Ereignissen (Besitzer, andere Hunde, Besuch). Aufmerksamkeit fordernde Anteile im Verhalten sind hier sehr häufig vorhanden. Überaktive Hunde sind oft sehr verspielt und beschäftigen sich ständig mit der Suche nach Anreizen in ihrer Umgebung. Diese Anreize wirken für den Hund im Sinne einer Belohnung. Oft haben die Hunde nicht gelernt, zu ruhen bzw. auch bei Anwesenheit von Reizen zu entspannen.

Ein weiteres Kennzeichen für Überaktivität ist ein ausuferndes Begrüßungsverhalten. Die Hunde springen an den Besitzern hoch, sie bellen, rasen umher und beißen in Hände und Kleidung. Meist sind alle Beruhigungsversuche ohne Erfolg. Die Tiere

---

[35] z. B. Luescher, A. (1993): Hyperkinesis in Dogs – six case reports. Can Vet J 1993, 34, 368-370

sind (unabsichtlich) recht grob. Sie ziehen an der Leine, sind aufgeregt, bellen und reagieren auf alles, was sich bewegt. Sie zeigen einen regelrechten Zwang, ihr Verhalten ständig zu ändern und neue Anreize zu suchen. Auch Hunde, die zu wenig angemessene Stimulation aus ihrer Umgebung bekommen, suchen andere Beschäftigungsmöglichkeiten. Sie zerreißen Dinge, sie graben, sie zerkauen Gegenstände. Insbesondere junge Hunde sollten mit einer Vielzahl von Aktivitäten beschäftigt werden, um das Übermaß an Energie in geeignete Bahnen zu leiten. Hier ist wichtig, dass ein Teil dieser Aktivitäten *ohne* Besitzer oder andere Hunde stattfindet, um eine Abhängigkeit zu verhindern. Überaktive Hunde können sehr schlecht mit Konflikten und Frustration umgehen. Konflikte und Frustration lösen immer Aktivität aus. Häufig kommt hier zum Mangel an angemessener geistiger und körperlicher Beschäftigung für den Hund eine zu hohe Kalorienzufuhr bzw. ein zu hoher Eiweißgehalt in der Nahrung hinzu.

Ursachen für Überaktivität und Hyperaktivität:

Störungen in der Reizwahrnehmung, Verarbeitung und Anpassung der Reizantwort durch:

soziale und Umweltisolation (Reizarmut) in der Welpenzeit, Stress (akut, aber auch chronisch), versehentliches Verstärken der Unruhe durch den Besitzer; angezüchtete Eigenschaften wie hohe Reaktivität und Wachsamkeit; Überforderung des Hundes durch Besitzer und Training – erlernte Überaktivität; Reizüberflutung, körperliche Erkrankungen und Stoffwechselprobleme; Traumata (Tierheimaufenthalte, Besitzerwechsel, Erkrankungen, Aufenthalte in reizarmer oder reizüberfluteter Umgebung).

Anmerkung zu chronischem und akutem Stress: Stressreaktionen erhöhen Unruhe und verschlechtern die Kontrolle der eigenen Impulse. Stressreaktionen können bereits in der Welpenzeit beim Züchter, aber auch nach der Übernahme des Welpen stattfinden.

Einige Beispiele: zu frühe Abgabe der Welpen, Isolation in der Nacht, zu wenig Kontakte zu Menschen und Artgenossen, Reizüberflutung oder Vermeidung jeglicher Reize, Erziehung über Strafe, Zwang und Druck, Über- oder Unterforderung. Zu früh von Wurfgeschwistern getrennte bzw. handaufgezogene Welpen haben keine Regulation durch Mutter und Wurfgeschwister erfahren und neigen daher zu Impulsivität und geringer Frustrationstoleranz.

Diagnose:

Aktueller Aktivitätslevel des Hundes in Relation zu Alter, Rasse, Ernährung sowie Beschäftigung; Fähigkeit, zu ruhen und zu entspannen; paradoxe Reaktionen auf Anstrengung (Spezialist, Tierarzt).

Therapie:

Diagnose und Therapie einer Hyperaktivität sollten **nur** von einem verhaltensmedizinischen Spezialisten durchgeführt werden. Die weiteren Ausführungen beziehen sich somit auf Überaktivität.

Tierärztliche Untersuchung

Körperliche Krankheitsursachen sowie eine echte Hyperaktivität sind vor Therapiebeginn auszuschließen. Eine Ernährungsberatung ist sinnvoll. Die Futtermenge und der Energiegehalt der Nahrung sollten angepasst werden.

Management

Zunächst sollten Sie Situationen, die Ihren Hund sehr aufgeregt machen, soweit es geht verhindern bzw. einschränken oder abmildern. Bitte nehmen Sie sich Zeit und überlegen Sie genau, welche Situationen Ihren Hund „aus dem Häuschen" geraten lassen. Erstellen Sie eine Liste. Diese Umstände sollten in der nächsten Zeit vermieden werden. Zu Übungszwecken im späteren Therapieverlauf können und sollten derartige Situationen abgemildert eingesetzt werden, aber eben erst, wenn Sie gut vorankommen.

Beispiele: Autofahrten, Hundeplatzbesuche, übermäßiges Spiel, lange und anstrengende Spaziergänge, Spaziergänge in reizintensiver Umgebung, Besuchssituationen, Begrüßungen etc.

Eine übersteigerte Aktivität des Hundes sollten Sie immer durch Beenden der Situation abbrechen. Verlassen Sie die Situation mit Ihrem Hund, helfen Sie ihm, indem Sie eine Überreizung verhindern. Sorgen Sie dann in einer gewissen Entfernung oder nach einer gewissen Dauer für die notwendige Entspannung (siehe 3.8).

Vielen Hunden hilft ein sehr fester und gut strukturierter Tagesablauf mit definierten Zeiten und Ritualen ohne große Variation. Eine klare und eindeutige Ja-Nein-Kommunikation ist sehr wichtig und wurde bereits an anderer Stelle detailliert beschrieben.

Im Training ist es wichtig, dass Sie nicht zu oft neue Trainingsvariationen einbringen. Auch Regeln sollten sich nicht ständig ändern, da daraus Unsicherheit, Konflikte oder Frustration beim Hund resultieren.

Sie können die Wohnung in Aktivitäts- und Ruhebereiche einteilen, wobei Sie darauf achten sollten, dass in Ruhebereichen nicht gespielt oder getobt wird: Führen Sie in diesen Bereichen Entspannungsübungen durch.

Oft versuchen Hundebesitzer, dem lebhaften Vierbeiner durch ein (meist gut gemeintes) Zuviel an körperlicher Auslastung und räumlicher Einschränkung im häuslichen Bereich entgegenzutreten. Leider werden auch oft Strafen oder lautstarke Zurechtweisungen angewandt. All diese Maßnahmen, wie lange Spaziergänge, Radfahren etc., Einschränkungen im Haus sowie Anschreien führen zu einer gesteigerten Aktivität des Hundes und fördern die Überaktivität.

Selbstverständlich sollte es Ihrem Hund möglich sein, sich intensiv körperlich zu beschäftigen. Aber schnelle, Adrenalin aktivierende Aktionen (z.B. Ballspiele, Wurf- und Zerrspiele) oder anstrengende Betätigungen, wie lange und reizintensive Spaziergänge, führen dazu, dass ein Hund zwar für eine Zeit scheinbar müde und ruhig wird, langfristig jedoch steigern solche Aktionen die Unruhe. Ihr Hund ist nur körperlich erschöpft, kommt aber mit der Überreizung nicht klar. Laute Zurechtweisungen oder unbewusste körperliche Bedrohungen können dazu führen, dass Ihr Hund noch aktiver wird. Zum Teil, um Sie zu beschwichtigen und milde zu stimmen (er verstärkt seine Bemühungen), zum Teil, weil er keine Verhaltensalternativen kennt und dadurch immer aufgeregter wird. Er kann nicht strukturiert handeln. Hier ist es wichtig, Alternativen aufzuzeigen und zu trainieren – von alleine wird gerade ein überaktiver Hund kaum Alternativen finden. Allgemein muss bei überaktiven Hunden stark auf Timing und Technik der Übungen geachtet werden. Hunde mit übersteigerter Aktivität verfügen nur über eine geringe Toleranz gegenüber Fehlern im Timing und neigen dazu, schnell frustriert zu sein, wenn sie nicht genau verstehen, worum es geht. Die Frustration wird in der Regel wieder in Übersprunghandlungen und gesteigerte Aktivität überführt – es entsteht ein Teufelskreis.

Aus der Toolbox sind bei Überaktivität hilfreich:

- Markersignal (3.1) für konkretes Arbeiten mit präzisem Timing
- Freundlicher Verhaltensabbruch (3.2)
- Abbruchsignal mit Alternative (3.3) bei *gefährdendem* Verhalten: Nicht ständig einsetzen!
- Überschreiben und Überlagern von Erregung (3.7) für den Notfall
- Target/Handtarget (3.9)
- Alternativverhalten (3.10)
- Und besonders wichtig: **Entspannung (3.8)**

Merke: Alle Berührungen und Bewegungen sollten langsam und kräftig ausgeführt werden. Beginnen Sie zuerst mit wenigen Minuten und verlängern Sie die Dauer von Trainingseinheit zu Trainingseinheit. Eventuell können Sie TTouches einsetzen.

Merke: Für alle Übungen ist eine sehr hohe Belohnungsrate mit sehr wenig Wartezeit zur Belohnung sinnvoll. Die Impulskontrolle muss erst aufgebaut werden.

Aufbau und Festigung von Impulskontrolle und der Frustrationstoleranz:

Ziel ist die Erhöhung der **Selbstkontrolle** des Hundes. Zusätzlich ist der Aufbau von **unaufgefordertem Alternativverhalten** (Standardverhalten) wichtig. Hierzu eignet sich das Sitzen, aber auch Blickkontakt oder Liegen. Bitte suchen Sie sich für diese Übungen eine *fachlich kompetente Begleitung* – die Übungen sind sehr anstrengend und müssen individuell an Ihren Hund angepasst werden. Es kann sehr schnell zu einer Überforderung und somit Verschlimmerung kommen. Deshalb gebe ich hierzu keine pauschale Anleitung, denn die Impulskontrolle ist ein endliches Gut und will nur sehr vorsichtig und kontrolliert trainiert werden. Suchen Sie sich fachliche Hilfe!

Unterstützend sind möglich:

- Konzentrierte und *langsame Muskelaktivität* wie Klettern über Baumstämme, Erdhügel, Heuballen, Schneehaufen; Steigen über Äste und Stöcke, über eine liegende Leiter führen, über liegende Autoreifen klettern, starke Steigungen gehen, Gehen durch Wasser oder Schnee oder auf einem sehr weichen Untergrund, auf dem man ein wenig einsinkt.
- *Kauen* (Füttern aus dem Kong, Knabbersachen, Pappkarton, Gummispielzeug – Dinge, die zerrupft werden dürfen)
- *Nasenarbeit, Futtersuche*

- *Belohnung durch Umgebungselemente, Belohnung aus der Situation*: Schnüffeln, Weitergehen, Freilauf, wenn der Hund eine gewisse Strecke konzentriert Fuß gegangen ist; Öffnen der Tür, wenn der Hund kurz ruhig davor gewartet hat. Wichtig wäre auch, dass Sie überlegen, welches Verhalten Ihres Hundes in der jeweiligen Situation bereits verlangt werden kann (Sitzen, Blickkontakt, Warten).

Den Hund klettern lassen sorgt für konzentrierte, langsame Muskelaktivität

Wenn Sie beginnen, die Übungen in den Tagesablauf einzubauen, sollten Sie Situationen wählen, in denen Ihr Hund ruhig bleiben und die Übung durchführen kann, z.B. nach dem Spaziergang und nach der Fütterung. Beginnen Sie mit ein oder zwei Übungen und führen Sie nach und nach weitere, einfache Übungen in den Alltag ein.

Merke: Belohnen Sie schnell und belohnen Sie jede einzelne Übung – zu Beginn sollten Sie noch keine Verhaltensketten aufbauen, überaktive Hunde können schlecht warten und brauchen ganz konkrete Verstärkung.

Führen Sie alle Übungen mit *hoher Belohnungsrate* durch. Ein Vorteil ist, dass durch das konstante Belohnen mit kleinen Futterstückchen der Blutzuckerspiegel auf konstanter Höhe gehalten wird. Viele Hunde reagieren auf Schwankungen des Blutzuckergehaltes durch Hunger mit übermäßiger Aktivität und Unruhe.

5.6 Forderndes Verhalten

Forderndes Verhalten von Hunden ist ein häufiges Problem und leider oft „hausgemacht".

Vorkommen:

Forderndes Verhalten kann bei Hunden jeden Alters, Geschlechts und jeglicher Rasse vorkommen. Ein erhöhtes Risiko für forderndes Verhalten besteht dann, wenn der Hund keine Klarheit in der Kommunikation mit seinem Besitzer findet oder wenn Strukturen neu etabliert bzw. in Frage gestellt werden – in gewissen Lebensabschnitten neigen Hunde dazu, ihre Handlungsspielräume auszuloten, was sie jedoch nicht aus „Boshaftigkeit" zeigen, sondern eher aus Unsicherheit oder im Zuge der sozialen Reifung und dem Ausloten von Strukturen.

Einige Hunde lernen schnell, unangemessene Verhaltensweisen zu zeigen, um die Aufmerksamkeit des Besitzers zu bekommen. Oft werden Aktionen regelrecht eingefordert, beispielsweise über Bellen. Ein gutes Beispiel ist auch das Beißen in die Leine oder Zerren, wenn Wartezeiten auf dem Spaziergang entstehen.

Achtung: Leinebeißen kann auch ein Stressanzeichen sein!

Weitere Beispiele sind anspringen, in die Hände oder Beine beißen/knabbern, Personen oder Hunde bedrängen, Objekte „stehlen" und damit weglaufen etc. Die Liste ließe sich lange fortsetzen. Ich sehe in der Praxis sehr oft forderndes Bellen, denn diese Verhaltensweise führt fast immer zuverlässig zu einer Reaktion des Hundehalters. Auch Schimpfen ist eine Reaktion, die aus Hundesicht dem Ignoriertwerden deutlich vorzuziehen ist.

Schade ist, dass Hunde oft unangemessene Verhaltensweisen zeigen müssen, um Aufmerksamkeit zu bekommen.

Schuld daran ist unsere menschliche Neigung, auf negative und unangenehme Umstände schneller und aus Hundesicht auch zuverlässiger zu reagieren. Angenehme Zustände – bezogen auf den Hund ein freundlicher, entspannter, „artiger" Hund – fallen nicht so sehr auf.

Im Grunde müssten wir unser Verhalten und unsere Wahrnehmung umkehren: Möglichst viel und häufige Aufmerksamkeit für korrektes und erwünschtes Hundeverhalten, keine Aufmerksamkeit und keine Belohnung für unerwünschtes Hundeverhalten. Gleichzeitig sollte eine Verstärkung für Verhaltensweisen, die nicht ignoriert werden können, verhindert und vermieden werden.

Wie bereits in Kapitel 4 (4.1, 4.2 und 4.3) ausführlich besprochen, wird jedes Verhalten, das eine Konsequenz hat, verstärkt. Ihr Hund profitiert von klarer Kommunikation, häufigem Wahrnehmen, Loben und Belohnen von richtigem, angemessenem Verhalten und Verstärkung der Alternativen zu unangemessenem Verhalten bzw. Einsatz von Managementmöglichkeiten.

Prophylaxe – das Verfahren ist bereits bei Welpen möglich. Bei diesen sollte nicht stets ignoriert werden, sondern **schnell umgelenkt** und **Alternativen** belohnt werden:

SDAO (2012)[36] beschreibt sehr schön Ihre „SMART"-Methode: „see/sense, mark and reward training", übersetzt: sehen/wahrnehmen, markieren, belohnen von gutem und wünschenswertem Verhalten. Im Grunde ist das Vorgehen simpel, wenn man sich ein wenig Zeit nimmt, um selbst in Übung zu kommen.

Das Wichtige ist tatsächlich das Wahrnehmen („sense") des richtigen Verhaltens und das zeitgerechte Loben und Belohnen. Verwenden Sie am besten Teile des herkömmlichen Futters Ihres Hundes zur Belohnung, vor allem wenn Sie Sorge haben,

[36] Sdao, K. (2012): Plenty in Life is free. Dogwise Publishing, Wenatchee, Washington

Ihr Hund könnte zunehmen. Versuchen Sie, 25 bis 50 Trockenfutterstücke oder Leckerbissen am Tag für richtiges Verhalten zu vergeben. Klappt es gut, können Sie jederzeit steigern[37].

Verhaltensweisen, die Sie als wünschenswert erachten, sollten für Ihren Hund besonders leicht gemacht werden, Verhaltensweisen, die Sie nicht wünschen, sollten erschwert werden. Ziel ist, dass Ihr Hund lernt, das richtige Verhalten zu zeigen. Im Idealfall aus der Situation heraus und nicht, weil Sie das Verhalten stets einfordern müssen. Wäre es nicht schön, einfach mit dem Hund draußen laufen zu können, ohne ständig auf die lockere Leine achten zu müssen. Ihr Hund einfach Ihrem Tempo angepasst geht, ohne dass Sie stets Signale geben müssen? Das klappt tatsächlich wunderbar, wenn Sie Vorarbeit geleistet haben und das Gehen an lockerer Leine ohne Zwang geübt und gefestigt haben.

Forderndes Verhalten sollten Sie somit umlenken in wünschenswertes Verhalten, Sie sollten es ignorieren, wenn es harmlos ist, und verhindern und erschweren, wenn es gefährdend ist.

Aus der Toolbox sind hilfreich:

- Markersignal (3.1)
- Freundlicher Verhaltensabbruch (3.2)
- Abbruchsignal mit Alternative (3.3) – bitte nicht zu inflationär einsetzen, nur für gefährdendes Verhalten!
- Zeigen und Benennen (3.6)
- Entspannung (3.8)
- Target/Handtarget (3.9) als Alternative in bestimmten Situationen
- Alternativverhalten (3.10) !

[37]Hierbei werden Teile des Futters bewusst nicht aus dem Napf, sondern aus der Hand bzw. Tasche für richtige Verhaltensweisen gegeben. Die Methode ist im Grunde sehr einfach. Ein Abbau ist später möglich, wenn das gewünschte Verhalten ins Repertoire übernommen wurde. Richtig durchgeführt zeigt der Hund viel mehr und häufiger richtiges Verhalten.

5.7 Territorialverhalten

Territorialverhalten ist normales und arttypisches Verhalten, das in starker Ausprägung und Häufigkeit als störend empfunden wird. Bei territorialer Aggression kann es zur Gefährdung von Personen oder Tieren kommen – es sollte unbedingt therapiert werden! Zudem ist Territorialverhalten stressig und anstrengend für Ihren Hund; es ist wichtig, dass Sie ihm helfen, Alternativen zu finden.

Vorkommen:

Territoriales Verhalten tritt meist erst bei erwachsenen Hunden auf (ab zirka 2 Jahren; bei Spätentwicklern ab 3 Jahren) und ist bei Rüden und Hündinnen möglich – Testosteron, aber auch Stresshormone können territoriales Verhalten zusätzlich fördern. Es ist möglich, dass ein Hund nie territoriale Verhaltensweisen entwickelt, wenn das Auftreten frühzeitig verhindert wird und gute Managementmaßnahmen ergriffen werden.

In der Regel wird ein bestimmtes Gebiet verteidigt. Dieses Gebiet ist oft der Bereich, in dem der Hund lebt bzw. einen Großteil seiner Zeit verbringt. Innerhalb dieses engeren Territoriums zeigt der Hund „Kontrollgänge“, teilweise wird markiert, auch akustisch durch bellen. Oft liegen Hunde an bestimmten Stellen, an denen sie einen guten Überblick über das Territorium haben, z. B. an der Terrassentüre, in der Nähe der Haustüre, im Garten auf einem Platz mit Sicht zum Zaun etc.

Hunde zeigen Territorialverhalten oft an Stellen, an denen Personen oder Hunde ins Territorium kommen könnten (Haustüre, Gartentüre) und besonders dort, wo lebensnotwendige Dinge sind (Futter, Wasser etc.).

Auch Parkanlagen oder regelmäßig begangene Wege können zum Revier oder Territorium werden. Extreme Varianten territorialen Verhaltens, bei denen der Hund die Parkbank oder den Tisch im Restaurant verteidigt sind ebenfalls möglich.

Auslöser für territoriales Verhalten können Geräusche, aber auch der Anblick von Personen sein, die das Territorium betreten wollen. Territorialverhalten wird durch Wahrnehmung von Umgebungsveränderungen und Auffälligkeiten ausgelöst.

Ausprägungen:

Die Verteidigungsaktionen sind gegen Außenstehende gerichtet. Dies können fremde Personen oder auch Hunde sein. Der vermeintliche Eindringling wird „verbellt“, kommt er näher, so wird der Hund immer offensiver.

Auch territoriale *Aggression* ist möglich: Dabei zeigt der Hund zunächst ein Verbellen, es kann aber auch zum Vorstürmen, Anspringen, Drohbellen und Knurren bis hin zu Zwicken, Schnappen oder Beißen kommen. Angst kann bei territorialem Verhalten eine starke Zusatzmotivation darstellen.

Oft beobachten und fixieren Hunde den „Eindringling“ während des Besuches durchgehend und reagieren auf kleinste Bewegungen mit bellen oder vorstürmen. Sehr stark sind die Reaktionen oft, wenn der Besuch aufsteht und sich bewegt. Im Interesse aller sollten Sie Ihren Hund in dieser Situation sichern.

Problematisch bei territorialem Verhalten sind mehrere Punkte:

Zum einen ist es sehr anstrengend, täglich zu wachen und aufzupassen. Für manche Hunde kann dies in regelrechten Dauerstress zur vermeintlichen „Pflichterfüllung“ ausarten. Zum anderen ist territoriales Verhalten stark selbstverstärkend und wird bereits durch seine Ausübung gefestigt, denn Territorialverhalten ist fast immer erfolgreich[38]. Der Passant, der Postbote, die Person am Gartenzaun entfernt sich, wenn gebellt wurde. Ihrem Hund ist nicht klar, dass die Person sowieso weitergehen würde, für Ihren Hund war seine Aktion erfolgreich: Der Eindringling wurde vertrieben. Es entsteht eine starke Festigung durch Erfolge. Für manche Hunde ist territoriales Verhalten ein regelrechter „Job“, der durchaus „Spaß“ machen kann, da fast immer Erfolge vorhanden sind. Manch ein Hund ist jedoch mit der vermeintlichen „Aufgabe“ deutlich überfordert und wird gestresst, insbesondere die ängstlichen und unsicheren Hunde. Aber auch ein sicherer Hund kann bei dauerhafter oder intensiver Reizung gestresst und überlastet werden.

Territoriales Verhalten kann durch das Leben in einer sehr reizarmen, aber auch sehr reizüberfluteten Umgebung gefördert werden. Ein Hund, der täglich nur einmal kurz um den Block geht, passt dort besonders stark auf. Ein Hund, der in einem Haushalt

---

[38] Es wirkt negative Verstärkung, ein Verhalten wird häufiger, weil auf eine Aktion des Hundes hin (bellen) etwas Unangenehmes entfernt wird (der Eindringling geht).

mit viel Trubel lebt, kann durch die Überreizung besonders stark auf Besucher reagieren.

Merke: Territorialverhalten ist anstrengend, selbstbelohnend und für manche Hunde eine willkommene Beschäftigungsmöglichkeit!

Das Verhalten des Besitzers ist ebenfalls von großer Bedeutung. Wenn Sie zornig werden und schimpfen, wird Ihr Hund Ihr Verhalten mit dem *Eindringling* und nicht mit seinem eigenen Verhalten in Verbindung bringen. Im Grunde möchte Ihr bellender Hund die Gruppe warnen und Beistand rufen – Ihre eigene Reaktion ist deshalb sehr wichtig. Schimpfen Sie, so könnte dies aus Hundesicht wie ein Mitbellen wirken.

Zur **Prophylaxe** sollte bereits ein Welpe zahlreiche angenehme Erfahrungen mit Besuchern machen. Menschen und vor allem Besucher sind toll, aber auch nicht so toll, dass der Welpe sich gar nicht mehr beruhigen kann.

Vorgehen: Besuch kommt, ruhiges Begrüßen belohnen, dann das ruhige Ablegen bzw. ruhiges Verhalten belohnen – z. B. Kauobjekte anbieten. Des Weiteren sollten von klein auf keine Aussichtsplätze und Kontrollstellen vorhanden sein bzw. umfunktioniert werden, so dass ein Hund gar nicht erst lernt, ein Gebiet zu überwachen. Denn die Neigung zu Territorialverhalten ist bei allen Hunden vorhanden. Es gibt sogar Hunderassen, denen Territorialverhalten gezielt angezüchtet wurde (alle Haus- und Hofhunde, alle Wachhunde). Bei Ihnen ist eine sorgfältige Prophylaxe besonders wichtig!

Diagnose:

Territoriales Verhalten wie beschrieben, zusätzlich eventuell territoriale Aggression. Auch starke Angst- und Unsicherheitskomponenten sind möglich.

Therapie:

Merke: Zeigt Ihr Hund territoriale Aggression, sollten Sie nur mit professioneller Unterstützung arbeiten – das Gefahrenpotential ist zu hoch!

Vorbeugung und Management

Personen sollten durch Ihren Hund auf keinen Fall gefährdet werden. Wenn er stark auf Ihre Gäste reagiert, halten Sie ihn angeleint unter Kontrolle oder verbringen ihn in einen anderen Raum. In manchen Fällen kann ein Maulkorbtraining nötig werden.

Sorgen Sie außerdem für Sichtschutz an den „strategischen Wachposten", schließen Sie die Fenster und lassen Sie Musik im Hintergrund spielen, wenn Sie weggehen müssen. Zweck ist, zu verhindern, dass Ihr Hund stets patrouilliert und wacht, während Sie nicht anwesend sind. Bereiche mit Sicht nach draußen können durch Kindergitter abgetrennt werden, auch dicke Baufolie, Duschvorhänge oder schwere Wollvorhänge können das Wachen erschweren.

Lassen Sie Ihren Hund nicht unbeaufsichtigt in den Garten und halten Sie ihn nicht im Garten angeleint ohne Aufsicht!

Wenn Sie Ihren Hund mit in Ihrem Büro haben, sorgen Sie dafür, dass niemand Ihr Büro betreten kann, wenn Ihr Hund dort alleine ist und Sie nicht anwesend sind. Informieren Sie Ihre Kollegen über das Training und stellen Sie sicher, dass es hier nicht zu Unfällen kommt.

Um Ihre Kontrollmöglichkeiten zu erhöhen, kann es nötig sein, den Hund in Besuchssituationen an einer langen, etwas dünneren Leine zu halten (Hausleine), die ihm Bewegungsfreiheit lässt, aber Ihnen im Notfall eine Kontrollmöglichkeit bietet. Das Ende dieser langen Leine bleibt bei Ihnen. In einigen Fällen kann es notwendig werden, für das Training einen Maulkorb zu verwenden. An diesen Maulkorb muss dem Hund jedoch erst schrittweise gewöhnt werden.[39] Verwenden Sie dazu keine Nylonmaulkörbe, die sowohl das Hecheln als auch eine Wasseraufnahme verhindern.

Beispiel „Sie haben Gäste": Regt sich Ihr Hund sehr über Ihre Besucher auf und kann sich nicht beruhigen, ist wichtig, dass Sie ihn in einen anderen Raum bringen. Gerade zu Beginn des Trainings kann es notwendig werden, dass der Hund in einen anderen Raum gebracht wird, wenn Besucher kommen.

---

[39]Eine Anleitung zu fachlich korrektem Maulkorbtraining finden Sie z. B. bei Karen Pryor (http://www.clickertraining.com/node/3948) oder lassen Sie sich von einem verhaltenstherapeutisch tätigen Tierarzt oder Hundetrainer zum Maulkorbtraining auf der Basis positiver Verstärkung einweisen. Der Maulkorb sollte als angenehm oder zumindest neutral empfunden werden, hier sind Zwang und Druck nicht hilfreich.

Schließen Sie die Haustüre immer ab, auch wenn Sie anwesend sind, vor allem wenn Sie in einem Mehrpersonenhaushalt leben. Hängen Sie Leine und evtl. den Maulkorb über die Klinke der Haustüre, damit Sie und andere Familienmitglieder nicht vergessen, Ihren Hund zu sichern oder wegzubringen, wenn es läutet. Dies ist besonders wichtig in einem Haushalt mit Kindern.

Wenn Ihr Hund territoriales Verhalten zeigt, sollten Sie dieses immer abbrechen. Hier kann eine Blitzwendung, ein Abbruchsignal oder der freundliche Verhaltensabbruch, aber auch ein Handtarget helfen. Sie dürfen sogar ablenken – territoriales Verhalten wird durch Ablenken mit Futter nicht verstärkt, denn die Belohnung für territoriales Verhalten ist das Verschwinden der Bedrohung. Bitte lassen Sie nicht zu, dass Ihr Hund Territorialverhalten „übt“ und holen Sie ihn aus derartigen Situationen freundlich-neutral heraus, bis Sie gut trainiert haben.

Aus der Toolbox sind wichtig:

- Markersignal (3.1)
- Freundlicher Verhaltensabbruch, evtl. auf Entfernung vor Eskalation (3.2)
- Abbruchsignal mit Alternative (3.3)
- Blitzwendung – Wir gehen! (3.5)
- Zeigen und Benennen (3.6)
- Entspannung (3.8)
- Target/Handtarget (3.9), auch in Form von „hinter den Besitzer gehen“
- Alternativverhalten (3.10)
- Distanzvergrößerung (3.11)

Eine Kombination von *Zeigen und Benennen mit Distanzvergrößerung* ist sehr effektiv bei Territorialverhalten im Garten oder gegenüber Passanten einzusetzen.

Weitere nützliche Trainingselemente:

- Futtersuche auf Signal
- Sitz-bleib zur Steigerung der Impulskontrolle: Führen Sie das Kommando bevorzugt an Stellen aus, an denen Territorialverhalten auftritt (Haustüre, Gartenzaun, Terrassentüre etc.). Später können Sie auch mit Ablenkungen arbeiten, z. B. öffnende Haustüre, Hilfspersonen gehen vorbei etc.

- Platz-bleib zur Steigerung der Impulskontrolle: Auch diese Übung sollte bevorzugt an Stellen ausgeführt werden, an denen Territorialverhalten auftritt (Haustüre, Gartenzaun, Terrassentüre etc.). Auch hier sind später Ablenkungen möglich, z. B. öffnende Haustüre, Hilfspersonen gehen vorbei etc.
- Stabiles Platz-bleib auf einer Liegedecke oder in einer Box für mindestens fünf Minuten
- In einen Raum gehen auf Signal
- In eine Box gehen auf Signal

Auslösereize gegenkonditionieren am Beispiel Türglocke:

Sie und Ihre Familienmitglieder oder Freunde sollten jedes Mal *klingeln oder klopfen*, bevor Sie die Wohnung betreten. Alle Menschen, die Ihr Hund gerne mag, sollten mit einbezogen werden. Somit wird das Geräusch der Glocke oder das Klopfen zu einem Signal, das etwas Angenehmes und nicht einen unerwünschten Eindringling ankündigt.

Geplante Besuche sollten sich telefonisch ankündigen, *ohne* zu läuten. Nehmen Sie Ihren Hund mit nach draußen und holen Sie den Besuch mit dem Hund zusammen auf neutralem Boden ab.

Sie können das Türglockengeräusch auch aufnehmen. Während Ihr Hund einen Kauknochen oder gefüllten Kong frisst oder mit seinem Ball spielt, spielen Sie das Klingelgeräusch ab. Bei gutem Vorankommen können Sie das Geräusch im Tagesverlauf abspielen, ohne dass Ihr Hund einen Kauknochen oder Futter hat. Sie als Besitzer reagieren nicht weiter, sondern fahren mit der aktuellen Tätigkeit fort. Ein bellender Hund ruft, wie bereits erklärt, die Gruppe zu Hilfe. Wenn keine Reaktion kommt, wird der Hund lernen, dass kein Grund zur Aufregung besteht.

Die meisten Hunde zeigen eine starke Reaktion auf das Läuten der Glocke. Der Übungsablauf ist folgender:

Sie befinden sich mit Ihrem Hund an der Haustüre in Ihrer Wohnung. Läuten Sie und geben Sie Ihrem Hund im Moment des Läutens sehr schmackhaftes Futter. Im Idealfall gestalten Sie die Situation so offensichtlich einfach, dass Ihr Hund nicht in Versuchung gerät, zu bellen.

Die Übung wird häufig wiederholt, gleichzeitig können bei gutem Vorankommen die Anforderungen erhöht werden. Warten Sie nach dem Übungsklingeln kurz und belohnen Sie, wenn Ihr Hund nicht bellt bzw. im Idealfall freudig reagiert. Üben Sie in unterschiedlichen Räumen der Wohnung und aus unterschiedlichen Positionen heraus. Handyaufnahmen des Klingelgeräusches oder Funkklingeln sind für die Übungen extrem hilfreich! Kommen Sie gut voran, kann eine Hilfsperson an der Haustüre läuten, nachdem Sie nur einen groben Zeitraum vereinbart haben. Halten Sie jedoch immer das besonders schmackhafte Futter bereit!

Reagiert Ihr Hund nicht mehr mit Bellen und Aufregung auf das Geräusch der Türglocke, kann dieses Geräusch mit einem Verhalten verknüpft werden, wie z. B. auf den Liegeplatz gehen. Der Glockenton wird somit zum Auslöser für das Verhalten: „Ich lege mich auf meinem Liegeplatz ab und stehe erst auf, wenn mein Besitzer mir ein Freizeichen gibt oder mich abholt."

Kombination mit Alternativverhalten:

Es läutet, Sie holen Ihren Besuch zusammen mit dem (gesicherten) Hund ab und bringen den Hund dann an seinen Platz, wo Sie ihn ablegen. Beim Betreten der Wohnung bleibt der Hund auf seinem Platz, bis der Besuch sich gesetzt hat. Sehr aufgeregte Hunde sollten in einen anderen Raum gebracht werden. Der Hund kann nun gesichert dazukommen und erhält eine „Beschäftigungsmöglichkeit" (gefüllter Kong, Kauknochen) und viel Aufmerksamkeit und Lob für ruhiges, angemessenes Verhalten. Der Hund sollte an der Hausleine gesichert sein, das Leinenende ist bei Ihnen.

Geben Sie acht auf Aktionen und Bewegungen Ihrer Besucher, hier können rasch gefährliche Situationen entstehen – der Hund muss gesichert werden. Fixiert Ihr Hund den Besuch durchgehend und kann sich nicht entspannen, ist Ihr Training noch nicht so weit fortgeschritten, dass Ihr Hund in diesen Situationen bereits anwesend sein kann.

Loben und belohnen Sie angemessenes Verhalten unbedingt auch, wenn Besuch anwesend ist.

Sie können zu Beginn des Trainings Besuchssituationen arrangieren, bei denen Personen zu Ihnen kommen, die Ihr Hund kennt und mag. Hierdurch schaffen Sie Umstände, unter welchen Ihr Hund lernen kann, welches Verhalten in einer Besuchssituation angemessen ist und sich für ihn auszahlt. Je häufiger Sie richtiges Verhalten belohnen und Fehlverhalten ignorieren, desto schneller kann Ihr Hund eine Verknüpfung herstellen. Wichtig ist hierbei, dass Sie die Besucher gleichmäßig über die Woche verteilt einladen.

Zu Beginn sollten Sie darauf achten, dass Ihr Besuch den Hund ignoriert und nur Sie/die anderen Familienmitglieder für entspanntes Verhalten belohnen. Die Besucher werden erst zu einem späteren Zeitpunkt, wenn Sie mit dem Training Erfolg haben, mit in die Aktionen einbezogen (z. B. über Targets).

Die Besucher sollten nicht frontal auf Ihren Hund zugehen, sich über ihn beugen und ihn nicht anstarren.

Der Hund muss während der Übung immer (!) gesichert sein!

5.8 Abnorm repetitives Verhalten

Unter dem Begriff „abnorm repetitives Verhalten" werden Zwangsstörungen und Stereotypien zusammengefasst. Hierbei handelt es sich um Verhaltensweisen, die stets nach dem gleichen Muster wiederholt werden (formkonstant) und dabei kein erkennbares Ziel bzw. keine erkennbare Funktion beinhalten (MASON, 1993). Sie führen nicht zu einer zielgerichteten Endhandlung. Sehr häufig ist das gezeigte Verhalten situationsfremd bzw. nicht in die Situation passend.

Stereotypien und Zwangsstörungen werden dann als krankhafte Verhaltensstörungen bezeichnet, wenn das Normalverhalten des Hundes beeinträchtigt oder gar unterdrückt wird, d.h., der Hund zeigt Veränderungen im Sozialverhalten, Erkundungsverhalten, Fress- und Komfortverhalten[40] sowie Veränderungen im Schlafzyklus. Es liegt eine starke Beeinträchtigung des Wohlbefindens vor.

Stereotypien sind definiert als „abnormales Wiederholen einer bestimmten motorischen Reaktion" und werden oft mit suboptimalen Haltungsbedingungen bei Zootieren, aber auch bei Hunden in Verbindung gebracht (z.B. Zwingerhaltung)

Zwangsverhalten wird als „das abnormale Wiederholen eines bestimmten Verhaltensziels" definiert[41]. Hier wird versucht, durch die Wiederholung einer Tätigkeit oder eines Verhaltensmusters Ängste und Anspannung zu verringern. Typische

---

[40] Hiermit ist das Körperpflege- und Ruheverhalten gemeint.

[41] American Psychatric Association: Diagnostic and Statistical Manual of Mental Disorders, DSM 5, Mai 2013

Zwangsverhaltensweisen sind Schwanzjagen oder Fliegenschnappen, aber auch Erstarren und Stillstehen.

Zwangsverhalten ist demnach zielgerichtet und kann im Ablauf variieren; eine Stereotypie ist sehr formkonstant und meist ein Bewegungsmuster ohne situativ erkennbare Funktion. Die Bewegungsmuster sind motorischen Abläufen aus bestimmten Funktionskreisen sehr ähnlich bzw. entsprechen diesen: z. B. Jagdverhalten, Körperpflege und Fressverhalten etc. Sie werden aber häufig wiederholt und ohne Endhandlung, also nicht zweckgebunden, gezeigt.

Anmerkung: Das zwanghafte Fressen unverdaulicher Objekte wird als Pica bezeichnet und hier nicht weiter erläutert, da es sich um eine medizinisch relevante Verhaltensweise handelt, die das Tier stark gefährden kann. Sollte Ihr Hund zwanghaft Unverdauliches, z. B. Steine, fressen, suchen Sie unbedingt rasch fachliche, verhaltensmedizinische Hilfe. Pica kann lebensbedrohlich werden.

Abnormal repetitive Verhaltensweisen werden im Sinne einer Arbeitshypothese in drei Schweregrade eingeteilt. Im Grad drei ist ohne Medikation keine Heilung oder Besserung möglich, bei zu langem Bestehen kann eine Therapie unmöglich werden. Bei Automutilation (Selbstverletzung) in Grad drei müssen tierschutzrechtliche Überlegungen angestellt werden.

Bei der Einteilung hilft der Spezialist, denn bei starkem abnorm repetitivem Verhalten (Grad zwei und drei) handelt es sich um **pathologische (krankhafte) Verhaltensstörungen.** Sie müssen von einem verhaltenstherapeutisch tätigen Tierarzt behandelt werden. Auch die Diagnose sollte von einem Spezialisten gestellt werden. Liegen Stereotypien oder zwanghafte Verhaltensweisen vor, so erzeugen diese einen sehr starken Leidensdruck beim Tier (und beim Besitzer) – eine Therapie wird zwingend notwendig und ist meist durch ein alleiniges Training nicht zu erreichen.

Aussehen:

Schwanzjagen, Kreiseln, Pfadlaufen, sich drehen, an den Zaun springen, konstantes Bellen, Fährtenlaufen, Jagen oder Bewachen eingebildeter oder unangemessener

Objekte (Schatten, Lichtreflexe), Fliegenschnappen, Pfoten belecken, Flankensaugen[42], Muskelzittern, Starren etc.

Diagnose:

Das Verhalten wird in Wiederholungen täglich gezeigt, das Verhalten dient keinem ersichtlichen Zweck oder wird als eine übersteigerte Antwort auf einen normalen oder unauffälligen Umstand wiederholt und zweckfremd gezeigt.

Merke: Die Einteilung des Schweregrades sollte nur durch Spezialisten erfolgen.

Ursachen und Einflussfaktoren:

Als Ursachen für abnormal repetitive Verhaltensweisen kommen neben *genetischer Disposition* (z.B. Flankensaugen beim Dobermann, Kreiseln oder Laufen bei Hütehunden oder Bullterriern, Schattenjagen bei Border Collies etc.) auch *charakterliche Eigenschaften* zum Tragen. Insbesondere ängstlich-sensible, aber auch sehr lebhafte Hunde neigen zur Entwicklung von abnormal repetitiven Verhaltensweisen.

Bei unsicheren Hunden kommt es sehr häufig zu *Konflikten*[43]. Konflikte können auch entstehen, wenn ein Hund angeborene Verhaltensweisen dauerhaft nicht ausleben kann oder wenn situativ zwei gleich starke Motivationslagen für zwei unterschiedliche und nicht vereinbare Verhaltensmuster vorliegen. Konflikte wiederum fördern das Auftreten von Übersprunghandlungen, die aus diesen *Stresssituationen* resultieren. Durch gleich starke, aber gegenläufige Motivationen werden diese Verhaltensweisen gegenseitig gehemmt und andere, oft situationsferne Verhaltensweisen entkoppelt (z.B. Komfortverhalten in Stresssituationen – kratzen und putzen). Übersprung- oder Konflikthandlungen sind somit Verhaltensweisen, die oft Leerlauf- oder Ersatzhandlungen darstellen; sie können bei längerem und häufigerem Auftreten in Stereotypien und Zwangsverhalten übergehen.

Sehr häufig lässt sich eine isolierte, reizarme Aufzucht und somit soziale und Umweltdeprivation nachweisen und kann mitunter als Ursache für Zwangsstörungen

---

[42] Das Flankensaugen ist ein Krankheitsbild, das gehäuft beim Dobermann auftritt. Hierbei leckt und saugt der Hund im Bereich seiner Flanke, wobei dort örtlich Haarausfall und Hautveränderungen auftreten können.

[43] Unter Konflikten verstehen wir in diesem Zusammenhang, dass der unsichere Hund nicht weiß, welches Verhalten der Situation angemessen ist und sich so ständig umentscheidet bzw. in der Handlung gehemmt wird oder ein situationsunangemessenes Verhalten zeigt.

und für Stereotypien angesehen werden. Eine soziale Deprivation fördert auch das Entstehen von chronischen Angststörungen, so dass hier ein enger Zusammenhang zwischen abnorm repetitivem Verhalten und Angstproblemen angenommen werden kann.

Durch *Deprivation* (fehlendes oder zu geringes Auftreten von Reizen/Stimulation während der sensiblen Phase von der dritten bis zur zwölften Lebenswoche) entstehen Störungen in der Gehirnentwicklung, die nachhaltige Auswirkungen haben können. Die Entwicklung des präfrontalen Cortex wird massiv beeinträchtigt.[44] Zwangsbewegungen oder Stereotypien würden von einem intakten Präfrontalkortex nicht „zugelassen" werden, denn es liegt kein strukturiertes Vorgehen vor.

In sehr seltenen Fällen liegen einmalige Traumata mit Beeinträchtigung des Gehirns vor, so beispielsweise Verletzungen oder Infektionen, aber auch psychische Traumata durch Schockerlebnisse.

In beiden Fällen ist das Lernverhalten deutlich beeinträchtigt.

Leider kommt es durch die wiederholte und gleichförmige Ausführung eines Verhaltens einerseits zu starken *Lernprozessen*, andererseits kommt es bei der formkonstanten und dauerhaften Ausführung von z. B. Bewegungen zu einer Ausschüttung körpereigener Opiate. Es kann sich *Suchtverhalten* entwickeln. Besonders schnell kann es zu Zwangsverhalten kommen, wenn Allergien bzw. Juckreiz oder Schmerzen nicht zeitnah behandelt werden. Die durch Schmerz oder Juckreiz ausgelösten Verhaltensweisen (nagen, lecken) werden durch die Ausschüttung von Endorphinen im Laufe der Zeit unabhängig vom Auslöser gezeigt.

Bei manchen Hunden kann anteilig *Aufmerksamkeit forderndes* Verhalten vorliegen – die Zwangshandlungen werden dann nur während der Anwesenheit von Bezugspersonen/Personen gezeigt (Videoaufnahmen).

---

[44] Der präfrontale Cortex wird auch Stirnhirn genannt und ist zuständig für Struktur, Arbeitsverhalten, Vorausdenken, zeitliche Einteilung sowie für die Bewältigung von Ereignissen mit Neuheitswert. Tölle, R. , Windgassen, K. (2009): Psychatrie.15. Auflage, Springer Medizin Verlag Heidelberg, S. 17

Grundsätzlich lassen sich *Einflussfaktoren* einteilen in:

- Umstände, die eine angemessene Reaktion in einer Situation verhindern, z. B. keine Möglichkeit, wegzulaufen, keine Möglichkeit, etwas wahrzunehmen
- Umstände, die das Bedürfnis nach selbst-beruhigendem Verhalten erhöhen, wie z. B. Angst, Schmerzen, Verlust von Sinnesleistungen
- Umstände, die die grundlegende Angstbereitschaft erhöhen, wie z. B. Stoffwechselerkrankungen oder kognitive Beeinträchtigung

Therapie:

Eine Therapie ist nur unter Begleitung eines Spezialisten möglich, denn die Einteilung des Schweregrades und somit auch die Entscheidung für entsprechende verhaltensmedizinische Trainingstechniken müssen erfolgen. Eventuell wird eine Medikation notwendig. Ihr Verhaltenstierarzt hilft Ihnen und unterstützt Sie.

Hilfreiche Maßnahmen sind:

- Verstärkung für das Verhalten suchen und abstellen. Dies ist eine der wichtigsten Maßnahmen!
- Tierärztliche Untersuchung muss angestrebt werden, um körperliche Ursachen abzuklären und zu behandeln.
- Identifikation von Stressfaktoren im Alltag des Hundes und Beseitigung der Stressfaktoren, sofern möglich bzw. Abschwächung. Dies sind ebenfalls sehr wichtige Maßnahmen!
- Regelmäßiger Alltag, strukturierter Tagesablauf
- Geistige und körperliche Aktivitäten erhöhen, Training von Tricks und Signalen mit Clicker oder anderen Markersignalen
- Trainingseinheiten strukturieren, ruhiges Ende aller Aktionen, Entspannung
- Massage und Tellington Touches

Schon kleine, über positive Verstärkung aufgebaute Tricks können helfen, die geistige Aktivität des Hundes zu erhöhen

Übrigens:

- Mechanische Verhinderungen, wie z. B. Verbände und Überschuhe bei Belecken der Pfoten, verschlimmern die Ausprägung, da die Ursache nicht beseitigt wird und das Verhalten kurzfristig unterdrückt wird. Das Verlangen und der Suchteffekt bleiben erhalten.

Aus der Toolbox benötigen Sie:

- Markersignal (3.1)
- Freundlicher Verhaltensabbruch (3.2)
- Abbruchsignal mit Alternative (3.3) – bitte nicht zu inflationär einsetzen, nur für gefährdendes Verhalten!
- Entspannung (3.8)
- Target/Handtarget (3.9) als Alternative in bestimmten Situationen
- Alternativverhalten (3.10)

5.9 Markierverhalten und Unsauberkeit

Unsauberkeit

Probleme mit dem Ausscheidungsverhalten bestehen dann, wenn ein Hund nach erfolgreichem Stubenreinheitstraining Urin und/oder Kot im Haus absetzt. Der Hund ist unsauber (altersunangepasst). Eine entsprechende Diagnose ist somit erst ab einem Alter von zirka sechs Monaten zu stellen.

Vorkommen:

Unsauberkeit kann bei Hunden jeden Alters und jeden Geschlechts auftreten. Ein höheres Risiko besteht bei Junghunden, die die Stubenreinheit gerade erst erlernt haben. Auch Hunde, die z.B. auf Beton in einer Zwingeranlage gelebt haben, neigen zu Unsauberkeit. Hunde, die über längere Zeit innerhalb von Räumen ausscheiden müssen, lernen, diese Umgebung als Ausscheidungsort anzunehmen und können sich oft nicht mehr im Freien lösen.

Wenn medizinische Ursachen ausgeschlossen werden können, liegt ein Verhaltensproblem vor. Suchen Sie zunächst den Tierarzt auf, um auszuschließen, dass Ihr Hund an einer körperlichen Erkrankung leidet und deshalb unsauber ist: z. B. Schmerzen, Entzündungen, Stoffwechselstörungen – z. B. Diabetes, funktionale Beeinträchtigungen, Missbildungen, Nervenstörungen, Inkontinenz etc.

Normalverhalten:

Hunde setzen ein bis zweimal täglich Kot ab, Urinabsatz zur Ausscheidung findet zwei bis dreimal täglich statt. Meist lösen sich Hunde jedoch häufiger, wenn sie die Gelegenheit dazu finden, denn vor allem Urin, aber auch Kot hat Markierfunktion und dient auch der sozialen Kommunikation.

Prophylaxe:

Sauberkeitserziehung beim Welpen:

Die Stubenreinheit beinhaltet mehrere Komponenten. Der Welpe muss zunächst lernen, das Gefühl einer vollen Blase zu ignorieren und kein Wasser zu lassen, bis er einen geeigneten Ausscheidungsort gefunden bzw. aufgesucht hat. Er muss lernen, welche Orte und Untergründe für den Harn- und Kotabsatz geeignet sind, und lernen, sich auf Kommando zu lösen bzw. sich dem Rhythmus der Familie anzupassen.

Bringen Sie Ihren Hund häufig und regelmäßig nach draußen, um sich dort zu lösen. Ganz wichtig ist es nach dem Aufwachen, nach dem Fressen und nach dem Spielen. Hier haben Sie in der Regel bis maximal zehn Minuten Zeit. Wenn nötig, sollte morgens noch im Pyjama vor die Türe gegangen werden, also möglichst schnell.

Wenn Hunde trotz liebevoller und konsequenter Erziehung nicht stubenrein werden oder werden bereits saubere Hunde wieder unsauber, kann dies unterschiedliche Gründe haben. In solchen Fällen ist nach Ausschluss organischer Ursachen eine genaue Verhaltensanalyse in Verbindung mit einem individuellen Verhaltenstraining notwendig.

Urin- oder Kotabsatz in der Wohnung stellt ein Verhaltensproblem dar. Hierbei muss überlegt werden, ob der Hund bereits komplett stubenrein war oder ob die Sauberkeitserziehung nicht vollständig erfolgt ist. Sehr plötzliche Unsauberkeit hat oft eine medizinische Ursache.

Als **Ursachen** für Unsauberkeit können neben unvollständiger Stubenreinheit auch zu wenig Auslauf, falsche Oberflächenpräferenz[45], Unsicherheit/Unterwürfigkeitsurinieren, Urinabsatz in Aufregung, aber auch bei Trennungsangst in Betracht gezogen werden. Außerdem können Angst und Phobien Unsauberkeit als Symptom beinhalten, aber auch beim Auftreten von Markierverhalten können Ängste eine Rolle spielen. Ältere Hunde können entsprechende geriatrische Probleme mit der Sauberkeit bekommen; manche kastrierten Hündinnen erkranken an Inkontinenz.

Anmerkungen: Bei nächtlichem Kotabsatz im Haus sollten Sie nicht am Abend füttern, sondern am frühen Nachmittag!

Erwachsene Hunde sollten tagsüber nicht länger als sechs Stunden warten müssen, bis sie ausscheiden können.

Erwachsene Hunde sollten mindestens drei bis viermal die Möglichkeit haben, sich zu lösen. Bei jüngeren Hunden sollte ein Ausscheiden deutlich häufiger möglich sein.

---

[45] Der Hund bevorzugt eine bestimmte Oberfläche, um sich zu lösen.

Bei der **Diagnose** gilt es also zu unterscheiden zwischen:

- Mangelhafter Stubenreinheit, unzureichendem Training
- Schlecht geplantem Tagesablauf, die Bedürfnisse des Hundes werden nicht berücksichtigt, kein Zugang zu Ausscheidungsplätzen
- Zeitplan- oder sonstige Änderungen, Veränderungen im Tagesrhythmus
- Oberflächenfehl„prägung" bzw. Vorlieben für bestimmte Untergründe
- Urinabsatz aus Unsicherheit
- Urinabsatz aus Erregung/Aufregung
- Markierverhalten
- Urin-/Kotabsatz als Symptom einer Verhaltensauffälligkeit (Trennungsangst, Angst, Phobie etc.)
- Altersbedingten Ausscheidungsproblemen; Inkontinenz bei kastrierten Hündinnen

Die Diagnose wird von einem Fachmann gestellt. Als Differentialdiagnosen kommen alle organischen Erkrankungen in Frage, aber entsprechend auch alle anderen Verhaltensprobleme.

Sehr kleine und leichte Hunde sind in der Gruppe der Hunde mit unvollständiger Stubenreinheit aus verschiedenen Gründen[46] überrepräsentiert.

Beispiel „Entstehung einer Oberflächenfehlprägung":

In der Welpenentwicklung werden die Kleinen bis zur dritten Lebenswoche von der Mutter gesäubert. Danach werden die Welpen mobil und bewegen sich vom Lager weg. Ab der fünften Lebenswoche wird ein bestimmter Ausscheidungsort festgelegt. Die Wahl des geeigneten Ortes und Untergrundes ist zwischen der achten und zwölften Lebenswoche abgeschlossen. Dieser Prozess wird beeinflusst durch die Verfügbarkeit eines geeigneten Ausscheidungsortes und Untergrundes sowie vom Verhalten des Muttertieres. Der Züchter hat in diesem Zeitraum einen großen Einfluss. Werden die Welpen in einem „Wurfzimmer" oder „Hundezimmer" (oft ein Kellerraum) gehalten, in dem sie sich auf Teppich oder Fliesen lösen dürfen oder haben die Welpen eine „Zimmertoilette" und keinen Zugang ins Freie, dann kommt es sehr schnell zu einer Oberflächenfehlprägung bzw. einem fehlerhaft erlernten

[46] Kleine Hunde werden oft in einem „Wurfzimmer" großgezogen und entwickeln hartnäckige Oberflächenvorlieben. Oft sind Hundehalter mit kleinen Hunden sehr tolerant gegenüber Unsauberkeit, da die kleinen Urinmengen leichter zu entfernen sind. Zudem werden kleine Hunderassen häufig seltener, nicht so lange oder nur bei schönem Wetter ausgeführt.

Ausscheidungsort. Für den Hund ist es normal, sich auf Teppich oder Boden innerhalb des Hauses zu lösen. Oft wird empfohlen, den Hund an eine mit Zeitungspapier ausgelegte Toilettenecke in der Wohnung oder an das Aufsuchen des Balkons als Toilette zu gewöhnen. Auch wenn dies möglicherweise bequem erscheint, rate ich dringend von dieser Methode ab. Hierbei lernt Ihr Hund nur, dass es erlaubt ist, sich in der Wohnung zu lösen. Der Lernprozess, Harn und Kot nur im Freien abzusetzen, wird dadurch stark verzögert. Es sind Fälle bekannt, bei denen sich Hunde so sehr an die Zeitungsunterlage gewöhnt hatten, dass es ihnen später nicht mehr möglich war, sich auf anderen Unterlagen bzw. Oberflächen zu lösen.

Demnach sind auch stundenlange Spaziergänge mit Warten auf Ausscheidung bei Hunden, die eine falsche Oberflächenassoziation haben, vollkommen sinnlos. Besser ist es, Sie führen das im Folgenden beschriebene Training in kurzen Einheiten durch, bis Ihr Hund gelernt hat, dass es gut ist, sich nur draußen zu lösen.

Therapie:

Merke: Keine Strafreize bei Unsauberkeit – auch nicht, wenn Sie Ihren Hund dabei ertappen!

Sie sollten nicht schimpfen oder schreien, da dies Ihren Hund so erschrecken könnte, dass er sich nur noch dann löst, wenn Sie nicht anwesend sind. Zahlreiche Schrecksituationen fördern ängstliches Verhalten; Angst kann Unsauberkeit verstärken.

Eine Bestrafung im Nachhinein ist vollkommen sinnlos, zudem kann ein Hund keinen Bezug zwischen Strafe und Ausscheidung herstellen, da die Ausscheidung ein natürliches Bedürfnis darstellt. Strafen können Ihren Hund nicht von der biologischen Notwendigkeit der Ausscheidung abhalten.

Anmerkung: Reinigen Sie die Stelle in Abwesenheit des Hundes gründlich mit biologischen Reinigungsmitteln, wie Essigwasser oder Alkohol. Bitte verwenden Sie keine ammoniakhaltigen oder stark parfümierten Reinigungsmittel, da Ammoniak dem Duft der Ausscheidungen recht ähnlich ist oder das Parfüm einen so starken Fremdgeruch darstellt, dass hierdurch erneuter Harnabsatz provoziert werden kann.

Durch Strafen können Sie das Verhalten Ihres Hundes kaum ändern, da Sie keine richtige, von Ihnen gewünschte Alternative anbieten. Ihr Hund lernt durch Erschrecken oder Strafen nicht, welches das richtige Verhalten ist. Er bekommt Angst vor Ihnen und löst sich unter Umständen nur dann, wenn Sie nicht anwesend sind.

Merke: Angststörungen können Ausscheidungsprobleme verstärken!

Anmerkung: Dass das Hineinstoßen der Hundeschnauze in die Hinterlassenschaften keine geeignete, sondern tierschutzwidrige Erziehungsmethode ist, sollte sich inzwischen herumgesprochen haben. Hunde haben kein schlechtes Gewissen und keine Moralvorstellungen. Was oft als schlechtes Gewissen fehlgedeutet wird, sind Beschwichtigungsgesten, mit denen der Hund auf Ihren Zorn reagiert, um Sie milde zu stimmen. Ein beschwichtigender Hund darf unter keinen Umständen bestraft werden.

Management:

Merke: Wenn ein Hund die Stubenreinheit erst oder wieder erlernen muss, so sollten Sie sehr häufig und regelmäßig mit dem Hund nach draußen gehen.

Merke: Wenn Sie keinen Rhythmus erkennen können, so sollten Sie nach dem Schlafen, Fressen und Spielen jedes Mal nach draußen gehen und Ihrem Hund zusätzlich alle 90 Minuten die Möglichkeit geben, sich draußen zu lösen, bis Sie eine Regelmäßigkeit erkennen können. Ständige Aufsicht ist nötig.

Behalten Sie Ihren Hund in der Wohnung immer im Auge. An seinem Verhalten können Sie erkennen, wenn er den Drang hat, sich zu lösen. Wenn er unruhig herumläuft, am Boden schnüffelt oder sich im Kreis dreht, bringen Sie ihn schnell nach draußen.

Führen Sie Ihren Hund draußen immer *zuerst* und immer an dieselbe Stelle oder Umgebung, die Sie als Löseplatz gewählt haben. Achten Sie bitte darauf, dass Sie einen geeigneten Untergrund und Ort wählen. Am besten ist hier natürlich Gras oder Rasen, ein Grünstreifen oder eine Wiese. Ideal ist es, wenn dieser Platz optisch auffällig ist, also z.B. ein Busch oder Baum dort steht.

Gehen Sie nun am Löseplatz für zirka fünf Minuten ruhig auf und ab, bis Ihr Hund Harn oder Kot abgesetzt hat. Hier sollten Sie möglichst nicht sprechen bzw. Aktionen anbieten, bleiben Sie passiv. Es sollte sehr langweilig sein, tolle Aktionen gibt es erst nach dem Lösen. Lassen Sie bitte die Leine lang und stehen Sie nicht unmittelbar neben Ihrem Hund.

Hunde müssen, um Harn oder Kot absetzen zu können, einen geruchlichen Anreiz haben. Sammeln Sie bitte vorübergehend die „Missgeschicke" auf und bringen Sie diese an den gewählten Ort oder wringen Sie den Wischmop mit der

Hinterlassenschaft Ihres Hundes draußen an der Lösestelle aus. So kann der Hund anhand der Geruchsinformation merken, dass hier ein geeigneter Ort für die Ausscheidung ist. Führen Sie dies bitte durch, bis Ihr Hund den Ort akzeptiert hat.

Wenn er sich auf dem richtigen Untergrund und Ort löst, sollten Sie Ihren Hund loben und ihm sofort nach dem Lösen eine Belohnung geben. Bitte loben Sie nicht zu früh, die Blase sollte fast leer bis ganz leer sein. Anderenfalls bricht Ihr Hund unter Umständen den Prozess ab bzw. wird zu sehr abgelenkt, um sich vollständig zu entleeren. Sie können hier sehr gut einen Clicker anwenden. Der Clicker eignet sich besonders gut für das Training, wenn vorher sehr oft geschimpft wurde. Worte, Stimme und Sprache haben so einen negativen Beigeschmack im Zusammenhang mit der Ausscheidung erhalten. Der Clicker ist ein völlig neutrales Geräusch und kann Ihr verbales Lob ersetzen, sobald Sie den Clicker aufgebaut haben.

Gehen Sie anschließend nicht sofort nach Hause, sondern spielen und toben Sie noch eine Weile mit Ihrem Hund. Der Hund lernt dadurch, sich draußen schnellstmöglich zu lösen, weil im Anschluss immer ein schönes Spiel folgt. Würden Sie sofort ins Haus gehen, so könnte Ihr Hund lernen, dass nach der Ausscheidung aller Spaß vorbei ist und sich aus diesem Grunde nicht lösen.

Löst Ihr Hund sich innerhalb von fünf bis zehn Minuten nicht, so gehen Sie zurück ins Haus und versuchen es in fünf bis zehn Minuten noch einmal. Bitte achten Sie jetzt gut auf Ihren Hund, er könnte sich zurückziehen, um sich im Haus zu lösen. Eventuell nutzen Sie zur Sicherheit eine Hausleine.

Über die Fütterungszeiten sowie über die Intervalle zwischen den Spaziergängen lassen sich die Probleme mit viel Geduld lösen.

Aus der Toolbox:

- Markersignal (3.1)
- Freundlicher Verhaltensabbruch (3.2)
- Abbruchsignal mit Alternative (3.3) für Notfälle
- Blitzwendung – Wir gehen! (3.5) im Haus gesondert zu trainieren, mit Zugang zum Garten oder nach draußen

Ein Boxentraining[47] für den Hund halte ich nur als allerletzte Maßnahme für sinnvoll.

---

[47] Beim Boxentraining wird der Hund schrittweise an das Verbleiben in einer geschlossenen Hundebox gewöhnt. Hier kommt es nicht zu einem Erlernen neuer Verhaltensweisen bezüglich der Unsauberkeit, das Ausscheiden in der Wohnung wird lediglich mechanisch verhindert. Hunde beschmutzen ihre Liege-

Reinigungsverfahren für betroffene Stellen

Geruchliche Anreize bei nicht korrekter Reinigung können den Hund veranlassen, die Stelle erneut zu benutzen. Die Gerüche sollten so schnell wie möglich entfernt werden, da sie sonst in das Gewebe eindringen können und schwer zu entfernen sind. Es ist darauf zu achten, dass keine chlor- oder ammoniakhaltigen Reiniger verwendet werden, da diese Substanzen auch im Urin enthalten sind, entsprechend riechen und so weiteren Harnabsatz provozieren können.

Mit einem Einmaltuch werden zunächst die groben Flüssigkeitsreste entfernt. Danach sollte unbedingt mit Wasser verdünntes biologisches (d.h. keinen Ammoniak und kein Chlor enthaltendes) Reinigungsmittel zum Einsatz kommen. Nach dem Einwirken sollte die Stelle wieder abgetupft werden. Danach verwendet man klares Wasser, trocknet die Stelle erneut und besprüht sie dann mit medizinischem Alkohol ohne Farbstoffe (70%ig). Statt des Alkohols können handelsübliche Enzymreiniger zum Einsatz kommen, um die fettlöslichen Urinanteile aufzuspalten. Die so behandelte Stelle sollte erst trocken sein, bevor der Hund erneut Zugang dorthin bekommt. Holzmöbel sollten nach der Reinigung mit Möbelpolitur auf Wachsbasis behandelt werden, damit die Oberfläche nicht beschädigt wird. Teppiche oder Sofas sollten ebenfalls auf die oben beschriebene Art und Weise gereinigt werden; unter Umständen wird eine professionelle Reinigung notwendig.

Markierverhalten

Markierverhalten dient nicht der Ausscheidung, sondern der Kommunikation und findet meist unabhängig von der regulären Ausscheidung statt. Mittels der Urin- und Kotmarkierungen übermitteln Hunde Informationen zu ihrer Identität, ihrem Geschlecht, zum letzten Aufsuchen dieser Stelle, ihrem Gesundheitszustand, der Ernährung und insbesondere Informationen zum Reproduktionsstatus im Zusammenhang mit der Fortpflanzung. Markierverhalten wird durch olfaktorische (geruchliche) Stimulation, aber auch durch andere soziale Stimuli angeregt.

Das Markieren mit Urin und Kot ist hormonell bedingtes und auch hormonell gesteuertes Verhalten, es wird in der Regel dort gezeigt, wo auf Artgenossen getroffen wird bzw. getroffen werden kann und wo Artgenossen die Markierungen wahrnehmen können. Kotmarkierungen werden gerne am Rand des Territoriums des Hundes

---

plätze nicht, was hier ausgenutzt wird – allerdings ohne Lerneffekt. Deshalb halte ich es für unangemessen.

abgegeben – dort, wo andere Hunde vorbeigehen. Insgesamt wird Markierverhalten mit Kot selten gezeigt.

Markierverhalten kann auch im Zusammenhang mit Imponierverhalten, aber auch bei Konflikten zwischen Artgenossen oder mit Menschen (als Konfliktverhalten) gezeigt werden.

Markierverhalten kann ein Stresssymptom darstellen und wird manchmal auch von ängstlichen oder unsicheren Hunden gezeigt.

Kot und Urin enthalten olfaktorische (geruchliche) Botenstoffe, zudem werden Duftstoffe aus bestimmten Körperdrüsen beigemengt.

Vorkommen:

Markierverhalten ist normales Verhalten und im Repertoire von Hunden vorgesehen. Als Problemverhalten ist Markieren somit störendes Normalverhalten.

Vornehmlich männliche, unkastrierte und geschlechtsreife Hunde zeigen Markierverhalten, aber auch Hündinnen und kastrierte Hunde markieren mit Urin und Kot. Markierverhalten beinhaltet eine sehr starke Lernkomponente (Dunbar, I. 1977 und Dunbar and Buehler, 1980). Bei intakten Hündinnen nimmt das Markierverhalten in den Zeiten um die Läufigkeit herum deutlich zu. Rüden zeigen die Neigung, Gewebe zu markieren, das mit dem Geruch läufiger Hündinnen in Kontakt gekommen ist.

Häufig wird ein übersteigertes Markierverhalten im Zusammenhang mit Hypersexualität bei männlichen Hunden kleinerer Hunderassen beobachtet.

Verhaltenssequenz:

Bei Rüden wird der Urin mit erhobenem Bein abgegeben, bevorzugt an optisch auffälligen Objekten in ca. 30 cm Höhe (Nasenhöhe des durchschnittlichen Hundes). Hündinnen markieren in sitzender Position, auch hier kann ein Bein angehoben werden. Die abgegebenen Urinmengen sind in der Regel deutlich geringer als bei der Ausscheidung.

Problematisch wird Markierverhalten innerhalb geschlossener Räume, aber auch, wenn Markierverhalten als Reaktion auf neue Familienmitglieder oder andere Haustiere, teilweise als Reaktion auf einen Umgebungswechsel gezeigt wird. Weiterhin wird Markierverhalten dann zum Problem, wenn es wiederholt an denselben (ungeeigneten) Stellen gezeigt wird. In manchen Fällen werden Personen oder Gegenstände markiert.

Diagnose:

Harn und/oder Kot werden *in kleineren Mengen* als bei der normalen Blasen- oder Darmentleerung, *häufiger* als bei normaler Blasen- oder Darmentleerung oder in Gebieten mit *sozialer Stimulation* durch andere Hunde oder Tiere bzw. Personen abgegeben.

Es sollte auf weitere Verhaltenssymptome geachtet werden:

- Treten Masturbation, Hypersexualität und Aufreiten auf?
- Ist eine läufige Hündin in der Umgebung? Wird die eigene Hündin läufig?
- Gibt es Konfliktsituationen innerhalb des Haushaltes unter Hunden/Hund – Mensch/Hund – andere Haustiere?
- Leidet der Hund unter Überaktivität, Urinieren aus Unterwürfigkeit oder Erregung oder ist der Hund sehr ängstlich?
- Hat der Hund Stress?
- Ist der Hund sehr alt und leidet unter kognitiver Dysfunktion[48]?
- Hat der Hund Schmerzen?
- Leidet der Hund unter Geräusch- oder Trennungsangst, leidet er unter Phobien?
- Ist der Hund inkontinent?

Therapiemöglichkeiten/Toolbox:

- Markersignal (3.1), insbesondere für Markierverhalten an richtigen Stellen
- Freundlicher Verhaltensabbruch (3.2)
- Abbruchsignal mit Alternative (3.3)
- Zeigen und Benennen (3.6) als Alternativverhalten für definierte soziale Stimuli

[48] Kognitive Dysfunktion bezeichnet altersbedingte Veränderungen des Gehirns und der Gehirnleistung bzw. die damit verbundenen Verhaltensveränderungen. Das Krankheitsbild ist vergleichbar mit menschlicher Demenz.

- Entspannung (3.8)
- Alternativverhalten (3.10) z. B. Sitzen, Stehen etc.

Zusätzlich sind möglich: Pheromontherapie (Adaptil ®), chemische Kastration, Kastration nach medizinischer Indikation; in seltenen Fällen, nur nach Untersuchung/Diagnose und nur durch den Verhaltenstierarzt angstlösende therapiebegleitende Medikation.

Intensives Clickertraining mit Betonung des korrekten Verhaltens: Mithilfe des Clickers und Belohnungen wir ein Markieren draußen an Stellen mit sozialer Stimulation verstärkt und trainiert.

Strafen, Erschrecken oder Anschreien sind, insbesondere für sensible und ängstliche Hunde, keine „Therapiemöglichkeit" und können Markierverhalten verstärken.

Managementmaßnahmen:

Optische Stimulationen (z. B. Gartenfenster) können blockiert werden, dies ist auch mit Gerüchen und akustischen Reizen möglich und sinnvoll, insbesondere dann, wenn die Besitzer nicht anwesend sind.

Haushalte mit Hunden sollten mit einem Hund, der Markierverhalten zeigt, nicht besucht werden. Im Ausnahmefall kann der Hund stets gesichert und angeleint werden.

Bei *Konflikten und/oder Angstproblemen* sollten aus ethischen Gesichtspunkten die Ursachen beseitigt bzw. die Auslöser vermieden werden. Probleme zwischen Tieren eines Haushaltes oder mit Personen innerhalb der Familie bedürfen einer Behandlung und sollten unbedingt therapiert werden.

Auch bei der *Reinigung der markierten Stellen* müssen Sie besondere Sorgfalt walten lassen. Das Reinigungsverfahren entspricht dem im Unterpunkt Unsauberkeit beschriebenen Verfahren, auch hier sollten die fettlöslichen Urinbestandteile durch Alkohol oder Enzymreiniger neutralisiert werden.

Markierverhalten unterliegt meist einer hohen Rezidivrate, d. h., es kann als unerwünschtes, aber normales Verhalten trotz Training und Therapie immer wieder auftreten.

Verwendete Literatur

Aloff, B. 2005: Canine Body Language. Dogwise, Wenatchee, WA

Appleby, D., Plujmakers, J. (2003). Separation Anxiety in Dogs: the function of homeostasis in its development and treatment. Vet Clin North Am Small Anim Pract 2003; 33(2): 321-344

Bartels, A. (2008): Ausscheidungsprobleme. Vortragszusammenfassung im Rahmen der Modulreihe Verhaltenstherapie, Problemverhalten Hund Teil II. Hannover, 2008

Bartels, A. (2010): Problemverhalten und Verhaltensstörungen in Ganzheitliche Verhaltenstherapie bei Hund und Katze. Sonntag Verlag in MVS Medizinverlag, Stuttgart.

Birbaumer, N., Schmidt, R. (2010): Biologische Psychologie. Springer Lehrbuch, 7. Auflage

Bowen, J. (2002): Overactivity. In Miscellaneous behaviour problems. BSAVA Manual of Canine and Feline Behavioural Medecine. BSAVA, Woodrow House, Waterwells, Gloucester

Bowen, J.; Heath, S. (2005): Behaviour Problems in Small Animals. Elsevier Health Sciences

Bradshaw, J., McPherson, JA, Casey, RA et.al. (2002): Aetiology of separation-related behavior in domestic dogs. Vet Rec 2002; 151: 43-46

Corson, S.A.; Eorson E.O., Decher, R.E. et. al. (1980): Interaction of genetics and separation in canine hyperkinesis and in a differential response to amphetamines. Pavlovian Journal of Biological Science 15, 5 – 11

Drimalla, H. (2012): Das Fürchten lernen. www.dasgehirn.info/denken/emotion

Dunbar, I. (1977): Olfactory preferences in dogs: the response of male and female beagles to conspecific odors. Behav Biol No. 20, 471-481

Dunbar, I., Buehler, M. (1980): A masking effect of urine from male dogs. Appl. Anim. Ethology, No. 6, 297-301

Gröning, P., Ulrich, A. (2009): Antijagdtraining. Wie man Hunde vom Jagen abhält. MenschHund!Verlag, Zossen

Haug, L. I. (2009): Impulsivity and Behavioral Disorders in Medical and Alternative Interventions in Behavior Modification. The Dog Trainers Resource 2. Dogwise, Wenatchee

Hense, M. (2010): Der hyperaktive Hund. Animal Learn Verlag, Bernau

Herron, M.E., Shofer, F. S., Reisner, I.R. (2009): Survey of the use and outcome of confrontational and non-confrontational training methods in client-owned dogs showing undesired behaviors. Appl. Anim. Behav. Science 117; 47 - 54

Knol, B.W.; Egberink-Alink, S. T. (1989): Treatment of problem behaviour in dogs and cats by castration and progestagen administration: A review. Veterinary Quarterly, V 11/2, 102-107

Lindsay, S.R. (2005): Handbook of Applied Dog Behavior and Training, Vol 3. Wiley Blackwell

McConnell, P. B. (2009): Feisty fido: Help for the Leash-Reactive Dog. McConnell Publishing, Ltd.; 2nd Edition

McConell, P., Silvani, P. (2010): On-Leash Reactivity to Other Dogs. The APDT Chronicle of the Dog. November / December 2010; 16-19

Mery, F. (1970): The Life, History and Magic of the Dog. Grosset and Dunlap. N.Y.

Messent, P. (1979): Understanding Your Dog. A . P. Publishing Pty. Ltd., Sydney.

OHeare, J. (2004): Trennungsangst beim Hund. Animal Learn Verlag.

O´Heare, J. (2007): Dog Aggression Workbook. Dogwise Publishing, Wenatchee, Washington

Overall, K. (2013): Manual of Clinical Behavioral Medecine for Dogs and Cats. Elsevier Mosby, St. Louis, MO

Pal, S.K. (2003): Urine marking by free-ranging dogs (Canis familiaris) in relation to sex, season, place and posture. Applied Animal Behaviour Science, 80/1 , 45-59

Phillips, R.G., LeDoux, J.E. (1992): Differential Contribution of Amygdala and Hippocampus to Cued and Contextual Fear Conditioning. Behav. Neuroscience 1992 Vol. 106 No.2; 274-285

Schalke, E. (2008): Vortragszusammenfassung Verhaltenstherapie Modul VIII Problemverhalten Hund; Akademie für Tierärztliche Fortbildung, Hannover

Schalke, E. (2008): Angstprobleme und Phobien. Vortragszusammenfassung ATF-Fortbildungsveranstaltung Problemverhalten Hund, Hannover, 2008.

Schöning, B. (2011): Verhaltenstherapie beim Hund praktisch. Vortragszusammenfassung ATF-Fortbildung, Hamburg, 2011

Schöning, B. (2006): Verhaltenstherapie Fortgeschrittene, Vortragszusammenfassung ATF-Fortbildungsveranstaltung, Hannover, 2006

Schroll, S., Dehasse, J. (2007): Verhaltensmedizin beim Hund. Enke Verlag, Stuttgart

Sherman, BL, Mills, D. (2008): Canine Anxieties an Phobias: An Update on Separation Anxiety and Noise Aversions. Vet Clin Small Anim Pract 38:1081-1106

Stewart, G. (2012): Behavior Adjustment Training, Dogwise Publishing, Wenatchee, Washington

Wergowski, C. (2008): Stereotypien und Zwangsverhalten. Im Rahmen der Vortragszusammenfassungen Verhaltenstherapie Modul IV und VIII. ATF, Hannover, 2008

Wilde, N. (2006): Help for Your Fearful Dog: A Step-by-Step Guide to Helping Your Dog Conquer His Fears. Phantom Publishing

Yeon, S.C., Erb, H.N., Houpt, K. (1999): A retrospective study of canine house soiling: diagnosis and treatment. Journal of the American Animal Hospital Association March 1, 1999 vol. 35 no. 2 101-106

6. Zum Schluss

Vermutlich haben Sie dieses Buch gekauft, weil Sie Unterstützung, Hilfe und Trainingsanregungen bei Problemen mit Ihrem Hund gesucht haben. Dieses Buch gibt Ihnen einen guten Überblick über das Lernverhalten von Hunden, über therapeutische Elemente und Trainingstechniken, über Strategien für Sie selbst, aber auch über die gängigen Probleme. Ich habe mir große Mühe beim Verfassen des Buches gegeben und versucht, den aktuellen Stand der Wissenschaft, aber auch ethische und moralische Gesichtspunkte zu vermitteln und zusammenzufassen.

Jedes Problem zwischen Hunden und Menschen kann dieses Buch dennoch nicht lösen. Oft ist eine individuelle Betreuung durch einen qualifizierten Trainer, einen verhaltenstherapeutisch spezialisierten Tierarzt oder eine spezialisierte und modern arbeitende Hundeschule vonnöten. Hier wird man detailliert auf Sie und Ihr Tier eingehen und Ihnen genau aufzeigen, wie Sie mit dem jeweiligen Problem am besten umgehen. Natürlich beinhaltet dieses Buch auch viel aus meinen persönlichen Erfahrungen aus der verhaltensmedizinischen Praxis und aus meiner Hundeschule. Ich danke jedem einzelnen tierischen Patienten und auch den Besitzern für diese Erfahrungen und für die Möglichkeit, mich stets weiterbilden und verbessern zu dürfen. Ohne diese bereichernden Erfahrungen und vor allem ohne die Erfolgserlebnisse, die Freude der Hunde und Besitzer und die verbesserten Beziehungen wäre mein Beruf nicht so erfüllend.

Es steckt viel Herzblut in diesem Buch, denn ein gewaltfreies Training und die Arbeit mit Problemhunden sind mir ein großes Anliegen. Es kursieren einfach zu viele veraltete Ansichten, wodurch auch heute noch sehr vielen Hunden Leid zugefügt wird. Sie werden verkannt und manchmal auch misshandelt. Es schmerzt mich, wenn ich gebrochene Hundeseelen in der Arbeit sehe und es freut mich umso mehr, wenn ich ihnen helfen kann und darf.

Die speziellen verhaltensmedizinischen Techniken habe ich mit Absicht nicht genauer beschrieben, denn diese können und müssen Ihnen die spezialisierten Tierärzte vermitteln und individuell auf Ihren Hund und Sie anpassen. Jeder Hund ist anders, jedes Hund-Halter-Team ist anders und manchmal muss ein geschultes Auge einen Fall genauer analysieren, um unterstützen und helfen zu können, aber auch um potentielle Gefahren oder Risiken frühzeitig zu entdecken und ihnen vorzubeugen. Medizinische, aber auch aus dem Verhalten resultierende Differentialdiagnosen müssen ausgeschlossen werden, zudem kann eine medikamentöse Unterstützung für Ihren Hund in manchen Fällen sinnvoll sein. Sorgen Sie sich nicht, kein

Verhaltenstierarzt zückt ohne genaue Analyse, Diagnose und Untersuchung einfach so den Rezeptblock!

Sollten die erwähnten Techniken nicht zu einer Besserung führen oder sich das Problemverhalten verschlimmern, so sollten Sie – für Ihren Hund und für Ihre gemeinsame Beziehung – rasch professionelle Hilfe suchen. Oft ist es wichtig, dass jemand Unbeteiligtes einen objektiven Blick auf Ihre Beziehung zu Ihrem Hund wirft. Das hat nichts mit Ihrem Wissen und Können zu tun, sondern hängt einfach mit dem Grad Ihrer Involviertheit zusammen.

Für spezielle Problemstellungen und insbesondere für Verhaltensweisen, bei denen ein Gefährdungspotential für Menschen oder andere Tiere vorliegt, ist dieses Buch nur eingeschränkt anwendbar.

Aus Sicherheitsgründen werden Aggression gegenüber Personen und hochgradige Aggression gegenüber Artgenossen wie auch hochgradige Angststörungen oder hochgradiges abnorm repetitives Verhalten nicht näher beschrieben bzw. nur mit der Überweisung zum Experten erwähnt.

Ich freue mich sehr über Anregungen für weitere Bücher. Schreiben Sie mir, welche Bereiche Sie interessieren, welche Probleme Sie gerne besprochen und erklärt hätten. Vielleicht bekommt dieses Buch ja einen Nachfolger.

Bitte senden Sie mir Ihre Geschichten und Erlebnisse, ich würde mich freuen, wenn ich an Ihren Erfahrungen teilhaben darf.

Ich danke meiner geliebten Familie und meinen Tieren für die Unterstützung meiner Arbeit in allen Bereichen und für die Geduld, wenn „Mama mal wieder durchgängig am Laptop saß“ oder das Wochenende auf dem Hundeplatz verbracht hat. Jan, dir gebührt natürlich immer ganz besonderer Dank, wenn ich dich nicht hätte! Ich danke auch all meinen Patienten, Patientenbesitzern und Kunden der Hundeschule für die zahlreichen und bunten Erfahrungen und Bereicherungen.

Frau Schnitzer, meiner Lektorin, möchte ich an dieser Stelle ebenfalls ganz besonders für die tatkräftige Unterstützung sowie die Geduld und Freundlichkeit danken. Danke auch an den GRIN Verlag, der mir die Möglichkeit gegeben hat, dieses Buch zu schreiben und damit vielleicht einigen Hundebesitzern zu helfen.

Laatzen, im Oktober 2013 Dr. Sybille Ehlers

Bildnachweis

Alle Bilder innerhalb dieses Buches stammen von:

- Dr. Sybille Ehlers